夜光杯文丛

范敬宜◎著

敬宜笔记
[续编]

文汇出版社

代序：读《敬宜笔记》有感　季羡林 / 001
自序："续编"赘言　范敬宜 / 001

华年二十去如飞 / 003
黄浦源头说清浊 / 006
新《阅江楼记》/ 009
惊听洋人说评书 / 012
谢季老 / 015
蚕豆滋味究若何 / 018
"一样话，千样说" / 021
站在"旱桥"看上海 / 024
刮脸刀的联想 / 027

巧得丁总新"教程" /030
明天毕业唱什么? /033
"吃不了的统统给我!" /036
好山何以不"入岳"? /039
艺坛勿忘吴湖帆 /042
修车摊上话"瘦身" /045
莫把"大资"当"小资" /048
《登楼赋》回归记 /052
谒柳祠,念公仆 /055
谁在坐这"冷板凳"? /058

重游卢浮感慨多 /063
初闻"健康长寿" /066
我与"的哥"常交往 /069
盼盼的"逆反诗" /072
垃圾桶上的文字游戏 /075
不爱长城非好汉 /078
诗家情怀史家笔 /081
陪着孙辈一起长大 /085
"岂能如尽人意"? /088
季老病中写新书 /091
五十年后才相会 /095
温馨的小黄花 /098
雪窗静思 /101
回应"许嘉璐的话" /104

流光何曾把人抛？/109
求阙 /112
李双江谈"拼文化" /115
邓颖超的"电话更正" /118
假的多了真变假 /121
话说"认不得了" /124
请为爷爷奶奶写点书 /128
猫的喜剧 /131
安于当个"老头儿" /134

五年·百篇·四谢 /139
京城餐韵 /142
"艾培"还在期待…… /145
清华园的"孩子们" /148
老上海的"市声" /151
季老的"书桌" /154
"敬宜愚兄，您好！" /156

说"清"道"浊"看世界 /161
飞车追薯 /164
"千年文书好合药" /167
一缕幽香入梦来 /170
听于丹，忆于廉 /173
"幸福家庭寿星多" /176
寒鸦万点入城来 /179

红绿灯前说"习惯" /182
一曲催眠忆儿时 /185
他们为何想读《文心雕龙》? /189
"文""白"之争情未了 /192

附录
爱琴海凭眺 /197
"到海得清无?" /200
最易往往是最难 /203
"小康生活要喝粥"断想 /206
试着说点新鲜话 /209
"小平同志,别来无恙" /212
再闻钱老讲"艺术" /215
"要听懂草木的叹息" /218

范敬宜挥毫

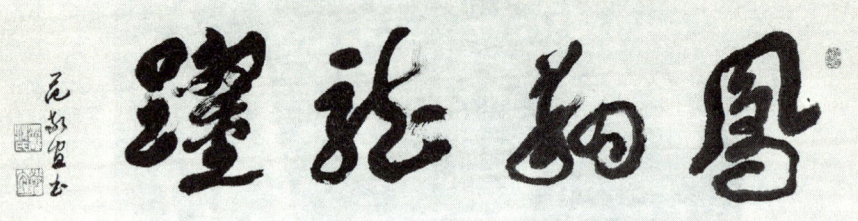

范敬宜书"凤翔龙跃"（辛巳秋）

读《敬宜笔记》有感

季羡林

近几年来,由于眼睛昏花,极少能读成本的书。可是,前些日子,范敬宜先生来舍下,送来他的《敬宜笔记》。我翻看了一篇,就被它吸引住,在诸事丛杂中,没用了很长的时间,就把全书读完了。我明白了很多人情事理,得到了极大的美感享受。我必须对范先生表示最诚挚的谢意和敬意。同样的谢意和敬意也必须给予小钢。是她给敬宜在《夜光杯》上开辟了专栏。

书中的文章都是非常短的,内容则比较多样。有的讲世界大事,有的讲国家大事,更多的则是市井小事,个人感受。没有半句假话、大话、空话、废话和套话。讲问题则是单刀直入,直抒胸臆。我想用四个"真"字来表示:真实、真切、真诚、真挚。可以称之为四真之境。

最值得注意的是它的文风。每一篇都如行云流水,舒卷自如,不加雕饰,秀色天成。读的时候,你的思想,你的感情也都为文章所吸引,或卷或舒,得大自由,得大自在。

但是,这里却有了问题。

我仿佛听到有人责问我:你不是主张写散文必须惨淡经营吗?你现是不是改变了主意?答曰:我并没有改变主意。我仍然主张惨淡经营。中国是世界上的散文大国,几千年来,名篇佳作浩如烟海。惨淡经营是我从中归纳出来的,紬绎出来的一点经验,一条规律,并不是我的发明创作,我不敢居功自傲。

但是,仅仅这样说,还不够全面。古代的散文大家们还有另外一种情况。他们写庄重典雅的大文章时一定是惨淡经营的,讲结构,讲节奏,字斟句酌,再三推敲,加心加意,一丝不苟。但是,如果即景生情,则也信笔挥洒,仿佛是信手拈来,自成妙文。二者之间有什么联系吗?二者之间是什么关系呢?我认为是有联系的。信手拈来的妙文是在长期惨淡经营的基础上的神来之笔。拿书法和绘画来打个比方。书法必须先写正楷,横平竖直,点画分明,然后才能在这个基础上任意发挥。如果没有这个基础,浮躁浅薄,急于求成,这样的书法只能成为鬼画符。绘画必须先写生素描。没有下这一番苦功而乱涂乱抹,也只能成为鬼画符。

孔子晚年的"随心所欲不逾矩",是他毕生修养的结果。

范敬宜的"笔记"是他自己的谦称,实际上都是美妙的散文或小品文。他几十年从事报纸编辑工作,有丰富的惨淡经营的经验。现在的"笔记"就是在这个基础上信手拈来的。敬宜不但在写作上有坚实的基础,他实际上是一位中国古代称之为"三绝"的人物,诗、书、画无不精妙。他还有胜于古代的"三绝"之处,他精通西方文化必是古人难以望其项背的。我杜撰一个名词,称之为"四绝"。

我忽然浮想联翩,想到了范敬宜先生的祖先宋代文武双全的大人物范仲淹。他的名著《岳阳楼记》是千古名篇。其中的两句话"先天下之忧而忧,后天下之乐而乐"是今天许多先进人物的座右铭。孟子说:"君子之泽,五世而斩。"现在看来,范仲淹之泽,数十世而不斩。今天又出了像范敬宜这样的人物。我还想顺便提一句:今天范仲淹的后代还有一位范曾,也是一个"四绝"的人物。这个现象颇值得注意。

最后,我还想奉劝《夜光杯》的读者们:见了范敬宜的"笔记",千万不要放过。

2002.4.6

附录:

敬宜兄:

手示奉悉,我以病住院已经超过一百天,身心两疲,看来人的主观能动性是很有限的。

你现在讲授《新闻评论与专栏写作课》,这实在是一个很有趣的题目。你驾轻就熟,当无困难,不过你提到"范文",认为很难找,你寄的那两篇"范文",到了今天早已陈旧,我们今天所需要的不是这样的文章,而是能充分说理的、心平气和的(对待敌人和坏人当然不同),能够理解人的。至于文字,我认为,一要准确,不夸大,不缩小;二要生动,有灵气,如果你的学生中能有人写文章能稍稍接近你的文章的水平,那就再好不过了。你的文章给我的印象是:流利畅达而灵气内溢。

我现在是出院尚无定期,季荷开放之日,当能回到北大,真诚欢迎你来看一看季荷。

既寿且康

季羡林　05.6.15
301 医院

"续编"赘言

范敬宜

生活中经常会有一些意想不到的事情。当初《新民晚报》"夜光杯"副刊为我开设《敬宜笔记》专栏,是意想不到;开栏以后能够坚持将近八年,也是意想不到;而在《敬宜笔记》第一次结集出版五年之后,今天又要出版"续编",更是意想不到。

回想1999年3月,应"夜光杯"编辑贺小钢同志之约,在这个新设专栏写第一篇稿子时,完全没有"长期抗战"的思想准备。当时想的无非是从《人民日报》岗位上退下以后,有个精神寄托也好,免得荒废时间,荒废笔墨。不料一投入以后,竟然一发而不可收。对我这个缺乏耐性和长性的人来说,也算是个"奇迹"。

"奇迹"主要来自"压力"。首先是编辑的压力。我在《人民日报》工作期间,曾经提倡编辑对作者要有"压、逼、榨"的本领,在"夜光杯"编辑身上,我倒真领略这种本领,但那是一种艺术的、不紧不慢的、使得债权人经常处于负债感的本领。其次是读者的压力。第一本"笔记"出版以后,没想到会收到那么多读者来信。热情的肯定和鼓励,令我深深感动。特别是尊敬的学界前辈季羡林先生,读完"笔记"以后竟主动连夜赶写了一千多字的读后感,并就此发表了一番对散文写作的精辟议论。这种友情的激励,使我不得不打消"到此为止,就坡下驴"的念头。

但是,毕竟上了年纪,脑子逐渐不听使唤,感到力不从心了。尤其是受聘于清华大学新闻与传播学院以后,主要精力转移到了"教书育人",可供写作的时间越来越少,所以 2003 年以后,见报篇数大不如前,这次能收入"续编"的篇目仅与首编相等。令人欣慰的是读者对我的宽容,不久前"夜光杯"读者评选优秀专栏时,拙作居然忝列获奖名单。如此看来,我这匹"老马"还得竭尽钝驽,"不用扬鞭自奋蹄"才是。

借此机会,谨向《新民晚报》的同志们和广大读者表示衷心的感谢。如果天假以年,我还希望能再出"续三""续四"……

2006 年 11 月 15 日灯下

范敬宜临明倪云林山水（1947年）

范敬宜临清王石谷山水(1986年)

华年二十去如飞

东渡扶桑若梦行,排空驭气入苍溟,身凌群岛碎千叶,背负长天侣万星。汗湿青衫余赤胆,霜侵两鬓有童心,自怜去日多虚掷,再乞华年二十龄。

这首七律,是我1981年随中国新闻代表团访日机中之作。那时我还是刚"落实政策",回到辽宁日报工作不久,既是第一次出国,又是第一次乘坐飞机。这次出访机会本来属于总编辑赵阜同志,他却把它作为一种奖励给了我这个小人物,我的心情自然非常激动。

第一次登上飞机,处处感到新鲜。有经验的旅客一进机舱就拉上窗帘,闭目养神,我却一直目不转睛地、贪婪地注视着窗外的一切,从天上的日月星辰、碧空白云,到地上的山水林田、城镇村舍,都看个不够。在此情此景中,难免俯仰平生,百感交集,既痛惜失去的岁月,又憧憬未来的年华,于是从心底跳出那么一句诗:

"再乞华年二十龄"。

为什么不多不少祈求天公再赐给二十华年呢？当时想的是，只要能够追回蹉跎的二十年，就足够再拼搏一回了，到那时已是七十老翁，还有什么奢求？

想不到后来的二十年，中国竟会发生那么巨大、精彩的变化！乱世苦夜长，盛世恨日短，眼看国家一日千里的发展进步，越来越觉得时间过得太快，想做的事情太多而做不完。一进入2001年，猛然意识到，预支的二十年快到期了，不禁悚然惊心。这时才体会到季羡林老先生为什么过了"米寿"，还要"相期以茶"。

今年夏天，几位新闻界老朋友为穆青同志庆贺八十寿辰，席间穆老说了一番动情的话："当年真没有想到自己能活到八十。抗日战争时期，只盼望能活到看见日本鬼子投降；解放战争时期，只盼望能活到看见打倒蒋介石、解放全中国；新中国成立以后，只盼望能活到看见建设社会主义；'文革'时期，只盼望能活到看见'四人帮'垮台；进入新时期，只盼望能活到看见走进小康社会……"说到这里，有人急问："现在呢？"穆老笑答："盼望能活到看见2008年的奥运会！"

可见人们对于生命的冀求，也是"与时俱进"的。我童年战乱频仍，经常听到大人怨叹："活得苦煞哉，索性早点闭上眼睛吧！"现在很少听见这类声音了，原因很简单：日子越来越有盼头。所以写字作画的，喜欢在作品上写个"年方八十""年方九十"；唱歌跳舞的，喜欢选择一曲《夕阳红》。回想我的外公，还不到古稀之年，就写了"告别词"："修短本前定，底事苦留连，十洲三岛假耳，何处见真仙？……"两相对照,不足以说人在乱世和盛世迥然不同的心态么？

我是从乱世走到盛世的,所以对盛世倍感可贵,倍加珍惜。每当夜深人静,在灯下为《夜光杯》写"笔记"的时候,总会不由自主地想,"再乞华年二十龄"的"支票"快过期了,华年过后是衰年,趁着现在脑子还没有十分糊涂,抓紧时间再多写一点吧！就这样,不知不觉已写了近60篇。据编辑同志相告,文汇新民报业集团的出版社已决定把它结集出版。我在感动之余,欣然续写了第二首七律：

华年二十去如飞,相见惊看影渐颓。眼底江山真似画,梦中岁月苦难追。归期何敢论茶米,来日还须勤剪裁。灯下冥思频阁笔,知音多谢《夜光杯》。

2001.11.10

黄浦源头说清浊

因为身居北京，平时看"上海卫视"的机会不多。11月7日晚上，偶然看到它的"新上海假日"专栏正在播映《黄浦江源头》，引起我的好奇，便从头至尾把它看完，真的长了不少知识。

我是在黄浦江边长大的，从小看到的黄浦江水就是黄而浑浊，还散发一种难闻的臭味。尽管有一艘挖泥船成年在江中疏浚，也不见有多大改变。后来，随着城市人口的急剧增长和工业污染的日益严重，黄浦江水也越发浑浊。近几年上海市政府为了改善城市环境，下了很大力气进行治理，情况大有好转，据说现在已经闻不着臭味了，这实在是个振奋人心的喜讯，虽然和水清还有距离。

然而，过去我从来没有考证过黄浦江浑浊的由来，只知它源出淀山湖，相传由战国时楚春申君黄歇开凿成浦，至于它源头的水是清是浊，却从未深究。这次看了《黄浦江源头》，不禁大为惊讶：原来黄浦江源头的水从山涧潺潺流下时，竟是如此清澈，如此纯净！从上海市区来的游客，见了这样的好水如获至宝，不但捧掬畅饮，还争相把水灌满随身带来的空瓶，有的说要带回家去让家人分享，有的说要给家里的金鱼"尝尝新鲜"，情景十分动人。

看完电视，我特意查了一下《辞海》。据载：黄浦江从淀山湖东流到闵行以东，折向北流，在上海市区外白渡桥纳吴淞江（苏州河），到吴淞口入长江，全长114公里。在这不太长的距离内，它是怎样从清澈纯净变为浑浊污秽的？按常理推测，无非是水土流失和工业、生活污染。千百年来，在这114公里河道范围内，一代又一代的居民、船户、作坊、工厂往里面倒垃圾、刷马桶、扔秽物、排污水……终于使这条清清的河流完全改变了它的原来面目，思之令人感叹不已。

再仔细想想，黄浦江由清至浊的演变过程，告诉我们的不仅是一个自然环境的保护问题，我们很自然地会由此联想到社会环境的保护问题。比如说，最近几年，揭露、惩处了不少包括高官在内的腐败分子，情节之严重、恶劣实在令人触目惊心。冷静分析一下他们犯罪的经历，可以看出，其中有些人原来就是人中的败类，也有不少人原来并不太坏，甚至还比较清廉、勤奋，但是在地位发生变化之后，经不起物欲横流的社会环境的诱惑和侵蚀，逐渐地变坏的，就像黄浦江水在流淌的过程中由清变浊。当然，这样类比并不完全确切，因为作为社会主体的人毕竟和自然物体的河水不一样，人有思想，有理智，可以激浊扬清，抗拒污染。事实上，在同样的客观条件下，做到"出淤泥而不染"的还是占大多数，但是不承认、不正视客观环境对人的思想意志的影响，也不是唯物主义。承认和正视，为的是更加警惕。

记得宋代大政治家范仲淹在初入仕途时写过一首题为《瀑布》的自警诗，全诗八句，这里摘抄前面四句：

> 迥与众流异，
> 发源高更孤，
> 下山犹直在，
> 到海得清无？

这里，范仲淹以清且直的瀑布自况，向自己提出了这样一个尖锐的问题：当你刚出山的时候，是何等气势磅礴、清正刚直，迥异于小溪浊流，可是经过千回百转，流入大海时，不知是否还能保持自己的清纯不污？

像范仲淹那样具有瀑布品格的伟大人物，尚且需要如此朝乾夕惕，何况我辈凡夫！如果我们徜徉于黄浦江畔，目送它滚滚东流去的时候，再细细品味一下范仲淹的诗句，想来都会别有一番滋味在心头。

2001.11.19

新《阅江楼记》

一楼飞峙大江边。虎踞龙盘的金陵古都,如今在长江沿上的狮子山巅矗立一座五十米高的"江南第一楼"——阅江楼,成为南京市标志景观的"点睛之笔,扛鼎之作"。

初闻阅江楼,不免一怔。少年时读过明代大学士宋濂写的《阅江楼记》,知道明太祖朱元璋定鼎金陵以后,为了"壮京师以镇遐迩",下诏兴建斯楼,而且尚未动工,就亲自写了一篇《阅江楼记》,又命诸文臣各写一篇,共一百多篇,其中以宋濂所作为最佳,后来收入《古文观止》。奇怪的是热闹了一场,楼终未建,留下的只有君臣两篇《阅江楼记》,给后世无限遐想。正是:有记无楼六百年,空余宏著忆宋濂。

阅江楼究竟为何没有建成?历来其说不一。有的说是后来朱元璋百废待兴,无暇顾及;有的说是因为国库空虚,无力顾及;也有的说是朱元璋受了宋濂文章的影响。——据说宋濂的《阅江楼记》形为歌颂,实为规劝。《古文观止》对此文的评点是:"奉旨撰记,故篇中多规颂之言",分明话里有话。

前几天,我到南京开会,有幸登览这座由下关区建造的阅江楼。果然碧瓦朱楹,画栋雕栏,宏伟壮观,气势不凡,与目前流行的"假古董"大不相同。各地到此游览者络绎不绝,登高临下,俯仰盘桓,下视则滚滚长江,环视则绵绵崇楼,令人气壮神怡。但是,谈到为什么要在长达六个世纪之后,改变它"有记无楼"的历史,看法就各有千秋了。有的认为这是"画龙点睛";六百多年来,中国历经战乱,国势衰微,今天终于欣逢太平盛世,国泰民安,政通人和,建楼可以昭示前人没有做成的事在我们这一代做成了,足以令人扬眉吐气。有的认为这是"画蛇添足";有记无楼可以给人以历史的悬念,胜于有记有楼;何况现在我们还是发展中国家,何必耗费巨资去大兴土木盖这样一座楼阁?这一大笔钱用来办上百所希望小学岂不更好?也有的认为,建造这座阅江楼,为南京开发了旅游资源,也有利于经济发展,而且也给市民增加了一处漂亮休憩游乐的场所,何乐而不为?

仁者见仁,智者见智,各有各的道理。游览归来,久久思索,没有理出头绪。灯下随手翻翻刚借来的《古文观止》,突然发现《阅江楼记》后面是一篇刘基的《司马季主论卜》,结尾有一警句:"昔日之所无,今日有之不为过;昔日之所有,今日无之不为不足。"一下子使我豁然开朗:世界上任何事物的"有"与"无"原来都是相对的,辩证的。"有记无楼"也罢,"无记有楼"也罢,"有记有楼"也罢,都要从实际出发,关键是一要看需要,二要看可能,三要看民意,四要看是否科学。只要符合这四者,就不为"过"或

"不足"。

据了解,现在阅江楼正以万金重奖向全国征集新《阅江楼记》和诗词楹联。我这篇短文也算来凑个热闹吧。

2001.12.04

惊听洋人说评书

我看过洋人演京剧,听过洋人说相声,可是听洋人说评书,而且是地道的扬州评书,还是头一遭。

一个月前,国家文化部、全国人大教科文卫委员会和国家文物局等单位,在北京联合召开一个"民族民间文化保护立法国际研讨会"。来自五大洲的三十多位专家学者,在会上宣读了论文,进行了交流,气氛十分热烈。轮到最后上台讲演的,是一位碧眼金发、体态雍容的中年女学者。她在台上就座以后,忽然圆睁双目,扫视了一遍会场,"啪"的一声拍了一记响亮的醒木,顿时全场愕然,不知发生了什么事情,待到大家肃静下来,她才清清嗓子,用带有洋味的扬州口音,有声有色地说起了《景阳冈武松打虎》:

"那正是七月天气,太阳偏西,英雄武二郎走了一天,又饿又累,很想休息一下。他提着哨棒,大踏步往前走去,只见山路两边,古树参天,怪石嶙峋,武松不禁打了一个寒噤……"

说到这里,全场掌声四起。尽管大部分外国人听不懂她说的内容,但是从她的表情、手势,也都能意会讲的肯定是非常有趣的故事。中国人则一个个笑得前仰后合。

丹麦人文学科高级研究学院高级研究员维贝根·伯恩达赫女士,就用这样独特的方式开始了她的演讲——《中国说书大记录》。

演讲开门见山就提出一个尖锐问题:

"中国说书,是世界口头艺术的瑰宝。从宋朝起,职业化说书已在中国存在,广受欢迎。现在的问题是,面对现代媒体和现代生活方式,这门艺术能否流传到第二个千年?我认为,现在该是国际社会负起责来,保护这种独特的口头艺术的时候了!新的媒体技术既是对说唱艺术的一种威胁,也应该是保护这些现存艺术的一种绝佳手段!"

作为正在关注我国民族民间文化命运如何传承、发展的中国人,我从一位外国人口中听到如此振聋发聩的声音,真是别有一番滋味在心头。

接着,维贝根·伯恩达赫女士系统地叙述中国说书、特别是扬州评话四大流派的发展脉络及其现状,提出:"在中国,如果我们想完整地保存那些通常在传统的书场里表演的说唱剧目,那么所剩的时间已经无几了!但是现在还有屈指可数的几位大师每天在表演着完整的剧目,因此,用录像方式记录老一代扬州评话大师们的表演,还为时不晚。目前第一要务是为扬州评话四大流派经典剧目准备录像记录,然后转换成 VCD,即王派'水浒',康派、吴派'三国',戴派'西游'。"为此,她呼吁中外有识之士和自愿参加的说书艺人共同努力,有钱出钱,有力出力,促成这个计划的实现。

维贝根·伯恩达赫女士的热心建议,赢得了全场一片掌声。就在掌声未绝之时,她突然又一拍醒木,续讲"武松打虎":

"话说英雄武松把老虎打死,已经精疲力竭,躺倒在地,正想休息片刻,忽然草丛里又窜出两只老虎。武松叫了一声:哎呀,我命休矣!这时,其中一只老虎忽然站了起来,开口说话问武松:'你究竟是人是鬼?'——要知武松遇到的究竟是什么,请列位明天来听分晓……"

又一阵热烈掌声和笑声。我随着掌声站起来与维贝根·伯恩达赫女士握手,向她致敬,心里在想:一个外国人,不远万里来到中国,对中国传统文化作如此深入的调查研究,为的是什么?作为中国人,又该做什么?

2002.01.22

谢季老

《敬宜笔记》结集出版以后,我曾打算"就坡下驴",到此打住。不料蒙季羡林先生抬爱,在4月20日"夜光杯"发表一篇《读〈敬宜笔记〉有感》,对拙作谬奖有加,还特别"奉劝"读者见到《笔记》"千万不要放过"。这样一来,倒教我有点欲罢不恭了。

说实在话,在《敬宜笔记》出版之前、之后,我都萌生过请季先生为之作序或作评的念头。这主要出于对先生道德文章的景慕,同时也有苏辙所谓"闻一言以自壮"的动机。然而转念一想,过去我和先生素无深交,只是开会时见过一面,估计他不会对我有什么印象;况且他已年过九十,向他求文未免有悖情理。这样,便自觉地把那非分之想打消了。

三月中旬,在一个偶然的机会,遇到一位熟悉季先生的北大年轻学者,我谈起了对先生的仰望之情,甚盼面聆教益。他说,"季先生是《夜光杯》的忠实读者和作者,对你想必会有印象的。不过他现在身体不好,很少见客,但我可以转达一下你的愿望。"

我以为这只是一种"婉辞",想不到过了两天,就接到反馈:季先生表示非常欢迎,时间定在3月28日下午3点钟。我自然大喜过望。

那天,我准时来到北大燕园季先生的寓所,并带去了《敬宜笔记》和《范敬宜诗书画》。季先生的精神比我预想的要好得多,在他身边工作的李老师对我说:今天先生特别高兴,一早就嘱咐把他的"礼服"拿出来,准备见客。所谓"礼服",就是他上世纪七十年代做的一套藏青涤卡中山装,即使出国访问,穿的也是它。季先生听了,莞尔一笑说:"在穿衣问题上,我有点逆潮流而动。"

在交谈中,季先生对我的人生经历似乎很有兴趣。我告诉他,对我一生影响最深的,一是家庭环境特别是母亲的熏陶,一是二十年"右派"生涯的磨炼。季先生感喟地说:"我一生有两大遗憾:一是遗憾没有当上'右派'——也许因为我还不够好;二是遗憾没有享受过母爱——因为过早地离开了母亲,想不到从此没再见到她。"言谈之间,流露出深深的怅惘。

也许因为我之所无,为他之所有;我之所有,为他之所无,两个忘年之交的距离迅速缩短了,竟然越谈越投机,完全不像初识。但我想到他有病在身,半小时就起身告辞,当然更不会提起请他写文章的事情。

第二天,我忽然想起临别匆匆,不曾道一个"谢"字,便往季先生家补打一个电话。接电话的是那位热情豪爽的李老师,她说:"我原来以为你会请季先生为你那本书写文章的,其实他也有这个思想准备,可你昨天为什么不提呢?"我只好自责过于拘谨,坐失良机。李老师说："我替你试试看,也许还有希望。"

真是意想不到,第四天早晨,季先生的文章就传过来了,六页稿纸,写得工工整整,一丝不苟,哪像是91岁老人的手迹!我捧在手里,读了一遍又一遍,又喜又悔。

几天之后,我才从那位青年学者那里获悉,医生根据季先生的健康状况,是不允许他写稿的。那天傍晚,他忽然告诉李老师,自己有些事情要做,请她早点"下班";第二天早晨,当李老师来"上班"的时候,发现那篇《读〈敬宜笔记〉有感》已经写好放在桌上了。谁也说不清他前一天晚上是什么时候才休息的。我听说后,在感动之外,更加增添了后悔。

这些日子,我一直沉浸在一种复杂的心情之中。古人云,人之相与,有"白头如新",有"倾盖如故"。我与季先生的交往,可以说是"倾盖如故"了。正因为"如故",直到今天还没有为这篇文章当面或打电话向季先生道一声谢,生怕说俗了反而有渎清听。但是,心意是不可不表的,于是又想到借助于《夜光杯》——我们实际上是从《夜光杯》由相知而相识、由相识而更相知的。在今天,这种中国传统文化人之间淳朴的神交,似乎越来越近乎神话了。因此,把这种经历和感受写出来告诉万千读者,也许比只告诉一个人更有意义。

2002.05.23

蚕豆滋味究若何

今年春夏,北京农贸市场上的新鲜蚕豆特别多,这是多少年来的罕见现象,说明南北蔬菜流通渠道越来越畅了。对于我这个江南人来说,确实是个福音。

我生于苏州,长在上海,儿时每到春天,能够天天吃到新鲜蚕豆,是生活中的一大乐事。每当一盘碧绿、鲜嫩、喷香的蚕豆端上餐桌,便是大快朵颐之时。二十岁以后到了北方,最大的遗憾之一是彻底失去了这份享受,蚕豆便成了梦中乡思的内容。"杂花生树,群莺乱飞"的春天来了,尽管塞北山区也有杏花如云、梨花似雪的壮美景色,却总也替代不了对江南水乡弥漫的蚕豆清香的回忆。怪不得有位古人秋风一起,便兴"莼鲈之思",连官也不想当了。

近几年,北京农贸市场上开始出现新鲜蚕豆,但是量少难觅,而且由于运输费时,买到的往往豆荚已经发黑,味道大为逊色。而今年春天上市的,新鲜度大为提高。第一次遇上,就兴冲冲地买了一斤，想让家人都来尝尝新。不料，十二岁的外孙女却对外婆炒得青翠可爱的一盘蚕豆不屑一顾，再三动员，才勉强吃了一粒，嚼了几口便皱起眉头。问其故，答曰："真难吃，一股脚丫子臭！"

我大吃一惊，清香扑鼻的美味怎么到她嘴里变成了臭不可闻？我立刻想起了四十多年前的一件旧事。

五十年代初，我刚到东北，有一位东北籍老同志问我："听说上海人吃火腿粽子，那玩意儿能好吃吗？"我说："当然好吃，不信，以后让上海家里寄几个给你尝尝。"不久，家里果然寄来了几个咸肉粽子，我首先给那位东北同志送去了一个。第二天问他味道如何，满以为他会赞不绝口，没想到他说："哎呀，你可把我坑苦了，一股脚丫子臭，我咬了一口就赶紧把它扔了！"此事后来成为笑谈，一位南方同志听说后，捧腹大笑说："谁叫你送错了人，送给我就对了！"

从此，我懂得了对食品美恶的评价，南北大不相同，没有一个统一的标准。一切取决于不同地域的不同生活习性和审美观念，南方人之所好，很可能为北方人之所恶，反之亦然。吃一堑，长一智，后来我就决不参加任何关于南北口味孰高孰低的争论。

进京以后，我经常参加一些外事宴请，又发现了新问题。过去常说中国菜是世界第一，外国人对中国佳肴美味赞佩得如何五体投地，我也曾经为之飘飘然。经过深入观察，发现这种说法有相当的片面性。外国人和中国人一样，由于民族、地域、阶层、习性的不同，对中国菜的认同程度存在很大差别。东方人观念中的山珍海味、珠玉馔食，例如海参、鱼翅、鲍鱼、燕窝等等，在许多西方人吃来简直是味同嚼蜡，甚至厌恶得要呕吐。问题是西方人出于礼貌，决不会当面表露，相反还会眉飞色舞地夸奖"太美妙了！太神奇了！"其实他们宁可去吃低档的鱼香肉丝，也决不愿尝一口最害怕的"黑色软体动物"或"燕子的唾液"。

　　这就要回到本文的主题：蚕豆滋味究若何？这是一个无法简单用"好"或"坏"回答的问题。爱之者曰好，恶之者曰坏，一切决定于品尝者本身的口味，而口味的形成又有其多方面的因素，甚至可以追溯到襁褓时代吃第一口食物的感觉和经验。世界本来就是如此复杂和丰富多彩，对于蚕豆之类味觉的差异，只能互相理解，互相尊重，求同存异，大可不必去较真，更不可将自己的习性强加于人，要求别人和自己一样。我曾想过，如果当年老和东北同志争论"火腿粽子"和"酸菜白肉"哪个好吃，我也许不会有今天了。

　　明乎此理，可以养性，可以睦交，可以匡谬，可以避祸，可以延年。

2002.06.03

"一样话,千样说"

"一样话,千样说。"——这句话是我二十多年前从农民那里学来的。其意为,同样一个意思,可以有上千种不同的表达方式。富有排难解纷经验的老农民,就常用这话开导年轻人。

从那以后,我一直注意身边的"案例",发现中国人的语言艺术和语言技巧实在太丰富了,怪不得几千年前就产生过触詟、东方朔、苏秦那样的语言大师。试看生活中,正话不仅可以正说,还可以反说;实话不仅可以实说,还可以虚说;直话不仅可以直说,还可以弯说;硬话不仅可以硬说,还可以软说……凡此种种,都是根据实际情况,可以千变万化,以达到最佳效果为目的。

当代著名书法家启功先生,就是以善言著称。谈吐幽默诙谐,即使谈到最不愉快的事情,也委婉曲折,令人解颐。时下书画市场仿冒他的赝品甚多,有人买了请他鉴别,他发现是伪作,只是微笑着说:"这幅写得比我好多了!"大家哈哈大笑,买主也借此下了"台阶"。这叫"反话正说"。

楚辞专家文怀沙教授,高寿九十有三,但思维敏捷,一如少年,尤擅"正话反说",闻之令人捧腹。不久前他读了拙著《敬宜笔记》,竟在电话里把我大"骂"了一通:"范敬宜,你真不是玩意儿,写出这样的书来害我。老年人以健康为中心,你却搅得我睡不着觉,老泪婆娑,损害了我的健康,这书的毒性实在太大了!"他"骂"得痛快淋漓,我听得也十分开心。这可谓"正话反说"之妙品。

以上两例举的都是学者,在普通老百姓中同样蕴藏着丰富的语言智慧,可以从中吸取营养。

我有时吸烟。一次单独从郑州回北京,一路忍了十几个小时没有抽烟。车快到北京时,我问扫地的列车员:"现在可以抽支烟了吧?"她很有礼貌地嫣然一笑说:"任何时候都可以抽,不过需要劳您驾多走几步……"说着用手指了一下车厢外的车体接合部。我一听笑了,明明还是不让抽,可是说得顺耳,既达到了禁烟的目的,又给人留了面子。其实,"任何时候都可以抽"和"任何时候都不可以抽"在这里的实质是一样的,但去掉了一个"不"字,使人感觉大不一样。

还有一次是关于骑自行车。过去自以为骑自行车的技术还可以,往往在人堆里骑行不愿下车。不久前却惹了麻烦,前轮撞着一个人高马大的小年轻的脚后跟,我正心想非闹一场不可,不料他回头冲我噗嗤一笑,说:"呦,年纪不小,技术还不错咧!"把我臊成了大红脸,其效果真比打我还厉害,从此我再也不敢逞强了。

活到老,学到老。最近有位记者参加《"三个代表"在基层》采访活动,从云南丽江回来,给我讲了一个亲历的故事:

一位外国旅游者，被丽江田园诗一般纯朴、宁静、恬淡的生活迷住了。他不解地问一位当地的农村老太太："你们的生活节奏这样舒缓，你没想过这和现代社会的快节奏太不协调了吗？"老太太一点也没有被问题难住，她不紧不慢地回答："每个人生下来就每时每刻走向死亡，既然这样，为什么要走得那么急急忙忙呢？"说得那位外国旅游者连连惊呼："中国人都是了不起的哲学家！"

可不是吗，中国人中的语言天才太多了，但是，为什么反映在纸上的往往是那么呆板、干涩？

2002.06.20

站在"旱桥"看上海

被上海人称为"旱桥"的,是徐家汇公园里一条长约五百米的钢木结构悬空人行便桥。

近几年来,上海市政府为了给市民提供更多的休憩场所,在几个街区新辟了街心小公园。这种小公园占地不多,耗资不大,但小巧玲珑,很受市民欢迎。徐家汇公园便是其中之一,而旱桥属于它的一个景观。

六月中旬,我到上海出差三天,可是自由活动时间只有三小时。怎样利用这三个小时?朋友建议了两个去处:一个是去参观"中国第一"的88层金茂大厦;另一个是去浏览两个街心公园,并特别提到了徐家汇公园的旱桥。我毫不犹豫地选择了后者。

为什么作这样的选择?我想的是:金茂大厦固然美轮美奂,十分诱人,但只能居高临下,俯瞰上海之大;而在街心公园,则可以细察品类之微,尤其是普通老百姓的内心感受。

我们走进徐家汇公园,首先映入眼帘的便是那座旱桥。其实,它不过是一条用硬质木方连接起来的走廊,朴实无华,开始不觉有何奇特,待细细观察,才发现设计的匠心:第一,公园本身面积不大,有了这条蜿蜒曲折的"长廊",便延伸了"景深",使人不觉其小。第二,公园只有"平原",没有起伏的地势,而旱桥设计得高低有致,走在上面,自有一种登山涉水的感觉,使人不觉其平。第三,旱桥的坡度比较平缓,老人、小孩走起来很舒服,使人不觉其累。如果我的看法没错,那么设计者和决策者对游客可真说得上体贴入微了。

不仅如此,我还惊讶地发现,公园对这座旱桥保养得十分精心。此桥虽已建成年余,桥面的地板、护栏依然光洁如新,不见一点污迹。在短短十几分钟内,我就看见两拨清洁工,一前一后进行清扫,前一拨刚用掸子掸去护栏上的浮尘,后一拨紧接上来用抹布仔细擦拭,一天不断如此循环往复,那认真劲儿,就像家庭主妇在护理心爱的家具。

走下旱桥,刚要离开,忽然又被园内一座红砖大烟囱吸引。原来这是"文物",现在它的底座镶着大理石,一面刻着浮雕,一面刻着碑文,无言地向游客诉说公园的历史:

"徐家汇公园,占地八余公顷,东自宛平路,西抵天平路,南镶嵌在衡山路和肇嘉浜路之间,由加拿大WAA合作公司与上海市园林设计院合作设计。原地为大中华橡胶厂、中国唱片上海公司和部分居民区。现园内烟囱、红楼和留存数幢民居,建于二十世纪上叶,以资纪念。"

碑上的浮雕,就是那两家拆迁企业的鸟瞰图。看着看着,不禁浮想联翩：

聪明、务实的上海人呵，你们连这样一座小小的普通街心公园都这样当作"精品"来精雕细刻，我还用去看金茂大厦，看东方明珠吗？我还能对实现把上海建设成为国际化大都市的宏伟目标有任何怀疑吗？

2002.07.03

刮脸刀的联想

在我的记忆里,上海的美妙享受之一是理发,特别是理完发之后的刮脸。高级理发厅自不必说,即使是中低档的也差异不大。我走过许多大中城市,像上海这样的刮脸水平绝对是独一无二的。

上海理发店的刮脸,是传统技艺与现代化服务的综合:规范、卫生、娴熟、细致、周到、舒适……给予顾客的最终的感受是神清气爽。离开上海之后,这种享受便在生活中消失了,即便花了高价,也买不来这十几分钟当"皇帝"的感觉。反正在理发普遍成为城市一大"难"的年代,人们对刮脸自然也不会有什么奢求。近几年来,各地理发店、发廊犹如雨后春笋般涌现,我以为从此对刮脸也会讲究起来,不料理发店、发廊追求的是蛇妆、晚妆、鬼妆等等带来的高经济效益,刮脸这个服务项目竟悄悄销声匿迹了。拿北京来说,至少百分之九十的理发店不管刮脸,理由据说是新一代的理发师已经不学刮脸了,谁要想怀旧一番,请到路边小摊上去找退休、下岗的老师傅,可是一看摊上的卫生条件便望而却步,不敢问津了。

于是,我只好把希望寄托在难得一去的上海。最近到上海出差,下车伊始,便去找可以刮脸的理发店,走了几家都碰了壁,后来找到一家小门面的理发铺,唯一的理发师是位小年轻,他倒应承下来,还蛮虚心地说:"我手艺不好,您多包涵。"我一再鼓励他:"没关系,胆子大一点!"待他一下刀,才发现他确实是个生手,那刀锋总是在离皮肤零点几毫米处颤悠。我反正已经横下一条心,闭上眼睛,由他摆布,但心脏却像悬在一根游丝上,在胸腔内晃荡,脑子里忽然又出现了那条黑字标题:

"刮脸刀不能操在别有用心的人手里!"

说来话长,这已是四十多年前的事情了。上世纪五十年代初,专程到"老大哥"那里取经的中国新闻代表团带回来了一种新型文体——讽刺性小品文。在上面的推广下,一时间这种专事针砭社会弊病的文体风靡全国报坛,我所在的那家报社属于其中的"排头兵",而我又荣幸地被选为这种专栏的编辑。当时流行的是一条舶来理论:讽刺小品是一把"刮脸刀",它专门清除生活中的各种污垢,为的是使社会主义祖国的仪表更加光洁鲜亮!

既然有这理论根据,那就放心大胆地干吧!不料1957年的那场风暴一来,"小品文"就首当其冲成了"揭露社会主义阴暗面"的最恶毒的"武器","炮制者"纷纷落马,我自然也难以幸免。开始,不谙世理的我还傻乎乎地拿出"刮脸刀"的理论进行申辩,结果还落了个"认罪态度不好"。终于有一天,报纸上赫然刊出一篇题为《刮脸刀不能操在别有用心的人手里》的大块文章,大意是:刮脸刀固然有整容的功用,但是如果它操在别有用心的人手里,借刮脸之机,在你咽喉上狠狠割上一刀,会是什么后果?岂不令人毛骨悚然?问题的可怕还在于这种别有用心的人就在我们身边,等等。我一看就明白,自己已经列入"别有用心的人"的队伍,真正应该毛骨悚然的不是别人,而是我自己。

将近半个世纪过去了,许多往事都已渐渐淡忘,唯独这个对"刮脸刀"的妙喻记忆犹新。虽然历史已为我这个"别有用心的人"正名,但是每当真的刮脸刀在我颊上游动的时候,总是觉得背脊上一阵发紧,生怕那操刀的也是个"别有用心的人"。可惜至今还没有尝到过咽喉被狠狠割上一刀的滋味,可见世界上想碰上专门给人咽喉来上一刀的理发师的概率实在太小,因此尽管有时还心有余悸,却依旧对刮脸情有独钟。现在感到遗憾的倒是,给人刮脸的理发店太少,善于使用刮脸刀的高明理发师更少,要不,为什么街上满腮长着脏兮兮胡子的人会那么多?

2002.07.16

巧得丁总新"教程"

我到清华大学新闻与传播学院上任后,校方提出希望我开一门课:"新闻评论"或"评论与专栏"。我是办报出身,对这项任务自然义不容辞。

开课就得有教材。我过去虽然天天和评论打交道,也经常撰写和修改评论,却从未从理论上对评论写作作过系统的总结,对评论教学更无研究。现在要开评论课,按规定必须先向教务处报采用的教材。说来惭愧,我对国内当前究竟有哪些比较权威的评论教学著作不甚了了,只好委托同事帮我收集。

几天之后,同事从图书馆给我捧来一大摞评论著作,我翻了一遍,大部分是评论写作的经验谈,缺少可供教学用的教程。正在发愁,终于发现了一本《新闻评论学》,丁法章著。"内容提要"上说,这是解放后我国第一本《新闻评论学》;再看一遍目录,也正符合教学需要。乃大喜过望,毅然拍板:"就报这本!"

丁法章同志,人称"丁总",是我国著名新闻工作者,过去和他虽然交往不多，但是对他在上海报界的业绩和声誉非常了解，十分敬佩他的多方面才能。尤其是像他这样又办报、又教课、又著书的，在总编辑中可谓凤毛麟角。十年前，我应他之邀，到上海参加一个全国性晚报工作会议，他亲自到机场接我，因为已过饭时，他爽快地答应了我的要求，在近郊一家路边小店吃了一碗素菜汤面，方知他是一个实实在在的人，不是讲究排场的"官"，更增加了对他的好感。现在得到了他的著作，自然倍感亲切。

我用了两天时间，从头至尾读完了这本《新闻评论学》，深深为它的体例之完备、内容之丰富、立论之精当、文字之活泼所倾服，唯一感到不足的是，此书作于1984年，距今已将近二十年，而这二十年中，我们国家已经发生巨大而深刻的变化，新闻媒体的变化尤其明显，评论的品种、技法也更趋多样化，更趋讲究和成熟，这些重要的新变化、新情况、新问题，自然不可能在二十年前的著作中即有充分反映，更不能苛求于编著者。好在基本框架很理想，我就满足了，问题只是如何增添一些新视点、新内容。

真是无巧不成书。今年6月20日，我应上海市委宣传部和市记协邀请，到上海讲课。下了飞机，想不到又是丁法章同志来接我。老友重逢，分外高兴。上车以后，他把随身携带的一个牛皮纸袋交给我说："这是我最近出版的一本书，请你提提意见！"

我打开一看，又一次喜出望外，原来是最近由复旦大学出版社出版的《新闻评论教程》！

我说："真是踏破铁鞋无觅处，来得正是关键时！你难道知道我正需要它？"

丁法章同志说:"那本《新闻评论学》出版以后,一直很受欢迎,后来修订过一次,共印了三万多册,还是供不应求。出版社的同志希望我根据近二十年来的新闻实践和新闻教学经验,独力再作一次全面修订,力求反映这门学科的最新水平。可是因为太忙,迟迟未能完成。今年春节以后,出版社的同志限定我必须四月底以前交稿。我只好尽可能地辞掉外面一切活动,几乎天天闭门谢客,日夜兼程,有时真达到了废寝忘食,终于按时交稿、出版了。"

听了他的简单叙述,我非常感动。因为我知道他是新闻圈子里的大忙人,虽然已退居二线,兼职仍然很多。能够挤出这么多时间著书立说,太不容易。相比之下,我只能自愧不如,甘拜下风。

在宾馆刚住下,上海就大雨倾盆。下雨正是读书天,干脆把预定的下午一切活动都取消,定下心来读这本《新闻评论教程》,边读边做笔记。这时才发现,这不是一般的修订,实际上是重写。特别是读到"电视新闻评论""网络新闻评论"等新章节时,不禁暗想真是天助我也,丁法章这本书怎么好像是专为我写似的……

2002.07.25

明天毕业唱什么?

每个时代都有代表那个时代的歌,每个时代都有代表它不同时期的毕业歌。

我所说的毕业歌,不一定都是正式命名的《毕业歌》,而是在应届大学毕业生中广泛传唱的歌。它既是毕业生当时理想、追求、憧憬、精神状态的抒发,又是时代脉搏的跳动。

今年暑假前,北京各高等学校出现举行毕业典礼的高峰。时值罕见的高温天气,骄阳似火,挥汗成雨,可是校园里人气更比天气热。拿我所在的清华大学来说,到处是一群群穿着学士服、戴着方帽子的学子,欢聚一起,说啊,笑啊,唱啊,照相啊,摄像啊,全然不把酷暑放在眼里。直到夜幕降临,暮云四合,校园里还不断闪烁着照相机的闪光,回荡着各种各样欢快的青春歌声。

我沉醉在这闪光和歌声里,思绪潮涌。半个世纪以来各种毕业歌在脑际此起彼伏,交汇成一支忽低沉忽高昂、忽幽远忽雄壮的时代交响曲。

我第一次看到大学毕业典礼是 1938 年夏天。那年我 8 岁，时任圣约翰大学医学院教授的姑母，特意带我去领略上海教会大学在大光明电影院联合举行毕业盛典的"大世面"。当时国难当头，场内冠盖如云，场外战云密布。大概人们都意识到前途的渺茫暗淡，当唱起"同学们！大家起来！担负起天下的兴亡……我们今天是桃李芬芳，明天是社会的栋梁"的《毕业歌》时，我看到许多学生神情肃穆，眼噙泪水。这个场面给我留下的痛楚，不亚于都德的《最后的一课》。

值得庆幸的是，我大学毕业已是新中国成立的第三个年头——1951 年，全国百废待兴，各条战线急需建设人才。大学生"毕业即失业"的岁月已经结束，面临的却是另一个问题：能不能无条件服从国家的统一分配？那年夏天，全市几千名应届毕业生集中在交通大学参加学习班，讨论这个问题。那时候，我们每天唱的是这样一支歌：

年轻的心在跳跃/满腔的热血在燃烧/听祖国在向我们召唤/我们响应她的号召/让我们走/走在最前头/让我们走/走在最前头……

雄壮豪迈的旋律，激发着广大学生的爱国热情。开始，有些不表示服从统一分配的同学还不好意思大声唱它，渐渐地，年轻人的心律和歌声的旋律融合在一起，跳动在一起了，最后作出了终生无悔的选择。

二十世纪六十年代初，随着祖国社会主义建设高潮的到来，大批大学毕业生自觉地奔赴"祖国最需要地方去"建功立业。这时,最熟悉的歌便是——

  在那春光明媚的早晨/列车奔向远方/车厢里满载着年轻的朋友们/奔向那灿烂的前程/到北方去/到南方去/到艰苦的边疆去/到工厂去/到农村去/到祖国最需要的地方去

  当年唱着这支歌走上新征途的年轻人,今天虽已白发苍苍,仍然喜欢哼着它,毫不怀疑这些豪言壮语确是出自肺腑。

  接踵而至的十年浩劫,中断了一代人的梦想。二十世纪八十年代初,当恢复高考后第一届大学生毕业时,他们面对着改革开放的新曙光,热情奔放地放声高唱《年轻的朋友再相会》——

  再过二十年/我们重相会/伟大的祖国/该有多么美/天也新/地也新/春光更明媚/城市乡村处处增光辉/但愿到那时/我们再相会/举杯赞英雄/光荣属于谁/为祖国/为"四化"/流过多少汗/回首往事心中可有愧

  当年唱这支歌的年轻朋友们,现在都是中年人了。歌中所憧憬、企盼的一切,都已成为现实。今天他们的子女也都开始跨进大学的大门。时代的变化,带来的是审美情趣的多层次化。当这批年轻人毕业的时候,作曲家们给他们准备了什么新歌呢?他们又该唱些什么呢?这几天从荧屏观看全国青年歌手电视大奖赛时,我不住地想着,想着……

2002.08.04

"吃不了的统统给我!"

今天,我应邀出席一个午宴,席间发生的一件小事,令我心潮难平,以致未等终席就匆匆提前告辞,只想找个地方让心情安静下来。

宴请的主宾香港孔教学院院长汤恩佳博士,身任多家著名企业的董事长,据说财产在香港名列前十几位。但是他最大的志愿和兴趣是传播孔子学说,在国内国外到处发表演说和著作,弘扬孔子精神,可以说是一位地道的儒商。

在我的想象中,这样一位香港巨商,肯定是一身富贵气。想不到从外貌到衣着都普通得不能再普通。见面时连一句寒暄都没有,开口就讲孔子学说在世界上的地位和对于提高全民族道德素质的重要性。入席之后仍是滔滔不绝,纵谈当今世界各国研究孔学的状况,甚至当别人已把第一道菜吃完,他还一箸未动。等到第二道菜上桌,他翻看了一下菜单,正色发话:"今天的菜太丰富了,完全没有必要。儒家从来是崇尚俭朴,反对浪费的。请你们马上通知厨房,把菜单削减,免得浪费。如果你们有吃不完的,统统给我吃,不能扔掉……"

大家以为他是开玩笑,都笑起来,有的还说:"看来汤先生的胃口很好。"

汤先生的夫人在旁解释说:"他就是这样,在香港人家请他吃饭,他面前盘子里的菜必须吃光,谁把菜剩下,他都拿过去吃掉,舍不得扔进垃圾桶。"

看来汤先生是认真的,否则像他那样的身份,绝对说不出"你们吃不了的统统给我吃"这样的话。

后来的情况如何,我就不知道了,因为提前退了席。原因一半是确实有事,一半也是担心看到后来可能出现的尴尬场面。

其实,我也看过了那张菜单,比起许多我参加过的宴会,绝对算不上豪华,只能说是中等偏上的水平。作为一位不知见过多少"大世面"的富商,竟然会觉得这已是"不必要"的奢侈,不免使人感到不易理解,但是我看得出来,他决不是矫情。

近几年来,吃喝之风越演越烈。请一次客动辄千金万金,已经司空见惯,而席间的浪费,更是令人咋舌。有时整盘的山珍海味,原封不动地端下去扔掉,也很少有人表示可惜,或者很少有人敢说可惜(怕别人笑话)。更可怕的是有些人把浪费看作是某种身份的标志。有一次参加某地地方官员的宴请,本来已经是饭饱,即将散席,主人忽然提出今天没上饺子是个不应有的疏忽,限令厨房在十分钟内把饺子做好端上来。这下可把厨师搞得措手不及,但官令如山,谁敢违抗,结果真如变戏法似的把一盘现剁现包、热气腾腾的饺子变了出来。众宾客热烈鼓掌,盛赞领导有方,"一呼百应"。结果是只有少数人每人吃了一个,但目的总算达到了:当众显示了领导的权威和魄力。当时我想,如果一位官员把权威和魄力用在一盘饺子上,岂不可悲!进而言之,如果把挥霍摆阔当作是"观念更新",岂不更加可悲!

2002.08.14

好山何以不"入岳"?

从小就向往名山大川,更羡慕遍游过名山大川的古人。壮岁以后,走南闯北,浪迹天涯,才发现由于各方面条件的限制,多数古人到过的地方,比今人要少得多,也差得多。有些被誉为"天下第一"的胜迹,未必名副其实,主要靠帝王、名人品题而得名,而真正的好山好水,真不见得挂得上号。

比如,黄山景色之美是世所公认的。有人作过这样的评论:许多名山是"看景不如听景",唯独黄山是"听景不如看景"。但是黄山过去一直未入"五岳"之列,尽管它比有的"岳"强得多。难怪著名新闻工作者艾丰登了黄山之后为它大鸣不平,在山崖上留下了"如此黄山不入岳,莫叹人间多不平"的题句。

其实,该鸣不平的远不止黄山,因为黄山毕竟已经出名。而大量不逊于"五岳"却至今默默无闻的大有山在。随便举个例子:辽宁鞍山附近有座千山,又名千朵莲花山,景色绝佳,秀、幽、奇、险兼而有之,特别是它秋天的满山红叶,红得气势宏伟,比北京的香山另有一番风光，可惜它远处关外，过去有名的文人墨客屐迹罕至，没有得过"会当凌绝顶，一览众山小"这类顶尖评价，虽然国画大师谢稚柳先生说过"最入画的要数千山"，它的名气仍然不大。

不久之前，天津市人大在蓟县举办通讯员座谈会，邀我去讲课。散会之后，主人又盛情相陪去游览盘山和黄崖关，说是风景"特别好"。我有点不信，因为蓟县离北京不过一百多公里，却从未听说过有这两个好去处。及至到了那里，大出意料。盘山兼有江南的秀美和塞北的壮美，据记载乾隆皇帝初次来此，曾惊叹"早知有盘山，何必下江南"，以后连续来过三十多次，可谓百看不厌。黄崖关则是长城要冲，其雄奇险峻，较之八达岭有过之而无不及，至今还留下许多明代名将戚继光的遗迹。登高四望，顿觉苍茫的历史风尘扑面而来。可是世人往往只知八达岭，很少知道这个黄崖关，所以游客要比八达岭少得多，岂不遗憾！

我说这些，并非为这些不甚知名的胜迹做义务广告或为它们抱怨叫屈，只是由山想到了人，想到人的命运有时也与山相似。在我们周围，具有真才实学的优秀人才很多很多，可是或者由于缺乏"地理优势"，或者由于不善"自我包装"，或者由于无人品题，或者由于无缘进入关键人物的视野，往往很难脱颖而出，充分发挥其聪明才智。与山不同的是，山是不朽的，只要地壳不发生大变动，它将永久存在，总有被发现和出头之日。九寨沟、张家界等国际名胜，原来不也默默无闻，直到二十世纪八十年代以后才声名鹊起的吗！而人是速朽的，一生不过草草几十年，说埋没就埋没了。"君子疾没世而名不称焉",不仅是个人的悲哀,也是国家、社会的损失。

　　什么时候能够建立起一种真正能够实现"野无遗贤"的用人机制呢?——徜徉于黄崖关头的时候,我在不停地遐想。

2002.09.01

艺坛勿忘吴湖帆

这个题目在心里已经酝酿很久，促使我终于动笔的，是读了7月10日《文汇报》的一篇报道——《吴湖帆〈佞宋词痕〉现身》。

这篇冠以醒目大标题的报道，比较详细地介绍了上海书店出版社首次公开出版吴湖帆这本词集的经过及其背景，展示了这位画坛一代宗师在书画之外另一方面的才华。作为一个吴湖帆的崇拜者，读了十分振奋。不过，报道中说《佞宋词痕》透露出吴湖帆那"不为外人所熟知的创作才能"，这"不为外人所熟知"七个字，却引起了我的几分惆怅。

原因是，吴湖帆在诗词方面的才能不是"不为外人所熟知"，而是早已为人所熟知。早在上个世纪三十年代，吴湖帆即以书、画、诗、词四绝驰誉。当时大江南北，艺坛高手如林，但具有吴湖帆那具有全面素养而且造诣高深的，可以大胆地说一句：凤毛麟角。即使流派完全不同的大家，也不得不承认他的超人才华。我曾亲闻海内收藏鉴定大家庞虚斋说过："吴湖帆是元代赵孟頫以后第一人"。这样高度的评价出自一生严谨的庞老之口,太不简单。张大千是誉满中外的一代宗师,眼界之高,见识之广,非同一般,他对吴湖帆同样十分钦佩,曾经说过:"吴先生的书房底子我是学不到的,所以在艺术上也不容易达到他的境界。"所谓"书房底子",指的就是在中国传统文化方面的造诣。这种造诣,反映在他的绘画、书法上,就是无处不在的浓厚书卷气。当年师法吴湖帆的可谓多矣,也有功力不错的,但论气质无人可以企及,差别就在"书房底子"上。

因此,吴湖帆不仅以画名重一时,也以文名重一时。在他的周围,不仅有众多书画大家,也有众多文化名流。抗战初期,他的夫人潘静淑因病逝世,遗留下"绿遍池塘草"的佳句。吴湖帆即以此句遍征海内名家作画或题咏,后来结集出版,约二百余件,名为《绿遍池塘草》,皆当代俊彦精品,一时传为艺坛佳话。仅此一举,也足以证明吴湖帆在艺坛、文坛的声望和号召力。不知此书现在还有遗存否。

那么,为什么现在吴湖帆文学方面的才名已经"不为外人所熟知"了呢?原因非常复杂,但我看归根到底是对他在文化艺术上的地位如何正确评价上。一个奇怪现象是,近年来出版了许多近代著名书画家名录,很少收录吴湖帆的条目,有的只有寥寥数语,有的一字不提,似乎他在中国艺坛上是个无足轻重的人物。相反,有些名不见经传、甚至初学涂鸦的人物,倒是大书特书,这是很不公正的。

好在人心是碑,一位真正艺术家的造诣在人们心目中是抹煞不了的。随着实事求是精神的重新发扬,近来重提吴湖帆的声音大起来了。《文汇报》以罕见的版面介绍吴湖帆的词作,就是一个可喜的迹象。

艺坛勿忘吴湖帆!文坛也勿忘吴湖帆!

2002.09.09

修车摊上话"瘦身"

闲时喜欢在附近街头修车小摊坐坐,观观街景,聊聊家常。这既是一种老年人的生活情趣,也是一个观察世情、社情的小小窗口。

上星期日,一位十八九岁的少女推着自行车到摊上来打气。只见她拿起打气筒就一筹莫展,气杆在她手里既拔不动又压不下,最后她无奈地央求修车师傅:"对不起,麻烦您替我打一下吧,我实在没有力气了……"

我端详了一下这个少女,细高个子,约在一米七〇以上,面目清秀,衣着新潮,可是骨瘦如柴,两条胳臂正像北方人形容的"麻秆儿"。

修车师傅抬头瞅了她一眼,一声不吭,又埋头干他的活计。我顿生怜悯之心,从她手中接过气筒:"还是我替你打吧!"她面有惭色地说:"那就谢谢您啦,真不好意思……"

等那少女离开以后,修车师傅叹口气说:"你多余去帮她。这都是减肥闹的,十几岁的娃娃就开始想当'骨感美人',再减就快成骷髅了!"

我问:"你怎么知道她是减肥减的?"他说:"我见得多了。邻居家有个女孩儿,才上初中,就天天不吃早饭,饿着肚子上学校,前几天上体育课,跑了几圈就虚脱,晕倒在地,把老师吓坏了,赶紧送医院输液抢救过来。这样闹下去,这下一代人的身体不毁了吗?"

我忽然想起,两年前上海报纸报道,两个女孩子为了瘦身,长期节食,得了不治之症,最后医治无效,相继死亡。修车师傅听我这一说,摇头叹息说:"现在这种减肥好比慢性中毒,暂时感觉不出来,恶果要十年八年以后才暴露,到那时候后悔就晚了。"

说到这里,修车师傅从工具箱里拿出一堆报纸杂志,指着上面的广告和文章,忿忿地说:"你瞧,还在那里鼓吹'减肥''瘦身'呢——看这个:'二十一世纪瘦身前沿','风头最健的曲美','安装在肚皮里的减肥仪器',在胃里钉钉子,缩小胃容,体重可以每月5—10公斤的速度递减……听说现在最标准的美人是'鹭鸶腿、排骨胸、鸡爪手',这还成人形吗?"

我笑道:"你老兄的观念太陈旧了。过去我们学美学,对美的经典定义是'健康即美',美学大师朱光潜先生讲过,最美的是'血色艳丽的女人'。这种观点现在已经被'瘦即是美'代替了,过时了。"

修车师傅不以为然,和我争辩起来:"我不懂什么美学,只认一个笨理:人活在世界上,最要紧的是健康,没有健康就没有一切。我就不信,一个人假如连打气都打不动,将来能吃什么苦,耐什么劳,成什么大事!"

我故意继续激他:"你这又是陈腐观念。你还以为她们想的是将来也像你那样当修车工,一年到头风里来雨里去干苦力活吗?你还以为她们准备像大寨铁姑娘那样'冰冻三尺不停镐,雪下三尺不下山'吗?时代不同了,对美的追求自然也不同了……"

没等我说完,修车师傅就急了:"不论什么时代,都不该把病态当作美,把病夫、病妇当作美。我想的不光是这一代,还要想到下一代、再下一代。常言说得好:'母大子肥',弱不禁风的母亲决生养不出体格健壮的下一代。如果我们国家三分之一的母亲都属于扛着'一副忧郁锁骨'的女人,已经摘掉的'东亚病夫'帽子,又会重新戴在中国人头上!那些为减肥、瘦身卖力鼓吹的人,为中华民族的未来想过这一点没有?"

这回我真的无言以对了,争论只好草草收场。当天晚上,我给一位历史学家打电话谈了此事的经过,他竟十分激动地说:"这位修车师傅还真有见地。我记得托尔斯泰说过这样一番话:正是那些体态丰满健硕的女人,使俄罗斯民族剽悍强健的血统延续了下来……"

我急问:托翁此言出自何书,他说一时记不清了,但一定会帮我找到的。我相信他的博闻强记。

2002.09.29

莫把"大资"当"小资"

我认识一位喜欢读书的年轻人,不久前见面,问他又读了什么新书,他告诉我,现在出了一批反映上世纪三十年代上海"小资"情结的作品,把他看得如痴如醉。最后他叹息道:"原来以为自己够'前卫'的,想不到六七十年前上海的'小资'们就远远超过了现在,我真有点'白活'了的感觉……"

当时我只付之一笑,没有深问,因为不清楚书里究竟写了些什么。最近在一个偶然的机会,从杂志上发现几篇文章,引述了一些那类小说的内容,总算了解了一个大概,觉得非常有趣。原来在那些作者笔下,三十年代的上海是这般摩登,这般时髦,这般迷人:

"我是在奢侈里生活着的,脱离了爵士乐、狐步舞、混合之酒、秋季的流行色、八汽缸的跑车、埃及烟……我便成了没有灵魂的人……"

"空气中融化了冲淡了的吉士烟草,汽油,水头,三花牌爽身粉和四七一一的混合味,伙食店里的大玻璃门流出一大批引起食欲亢进的烤咖啡的浓味,发光的广告灯:'新鲜咖啡,当场烤研!'霓虹灯下面给统治着的:小巧饰玩,假宝石指环,卷烟盒,打火机,粉盒,舞鞋长袜子,什锦朱古力,柏林的葡萄酒,王尔德杰作集,半夜惨杀案,泰山历险记,巴黎人杂志,新装月报,加当、高泰克斯……"

"……第一座咖啡馆、第一场交谊舞、第一部好莱坞影片也是出现在上海。现在,随便一个上海人都会举例说:'侬晓得哦,那时候日本的有钱人想看好莱坞大片,还得坐飞机来上海看'……"

"知道咖啡里要加炼乳有什么了不起?早在60年前,上海的老婆婆们都知道皇家咖啡和俄式牛肉里,要放点肉桂叶子一起煮的。"

"可以这么说,今天的'小资'们才刚刚步入的上海生活,比如喝咖啡、吃牛排、泡酒吧、听爵士乐,其实早在三十年代就被上海滩那些'密斯张''密斯特白'们玩腻了。"

实在太美妙了,怪不得惹得我那位年轻朋友对三十年代的上海"小资们"如此心向神往。

于是,我开始从尘封半个多世纪的记忆里,搜索老上海"小资"的痕迹。

我是三十年代就开始在上海生活的,住过法租界,也住过英租界。家庭成员中既有收入不薄的留美医师、教授,也有收入一般的中学教员,从经济状况来说,该能代表当时的"小资"吧。可是我家住的既不是花园洋房,也不是新式公寓,而是没有煤气、没有浴室的普通"弄堂房子",更谈不到自备汽车(现在叫私家汽车)。上班、上学乘的都是有轨电车(而且总坐三等),难得坐一回黄包车。一日三餐,早餐照例是泡饭、腐乳、酱瓜,午晚一般是一荤两素,假日才加点排骨、黄鱼之类。在我们周围的"小资们",生活大致如此。我去过大名鼎鼎的王蘧常教授家里,早餐同样只有一碗稀饭、一碟腐乳,偶然有一点肉松。在当时老百姓眼里,这就算是过的"好日脚"了。

那么,像现在那些小说里描写的豪华生活是不是事实呢?确是事实,可惜不属于靠工薪生活的"小资们"。即使在我上过学的著名贵族化学校——圣约翰大学里,坐着自备汽车来上课、晚上出入于夜总会、跳舞厅、咖啡馆的也只是极少数富家子弟,大多数同学生活和我差不多。当时我也在霞飞路、迈尔西爱路一带幽静的街道散散步,看见过夜上海的"各种神秘和放纵",可是说实话,直到我二十岁离开上海,还从没有进过一次舞厅、咖啡馆,甚至连国际饭店的大门都没有跨进过。因为我知道自己和这种生活隔着太大的距离,而且比起闸北、南市一带的广大平民来,自己已经生活在"天堂"里了。

显然,现在那类作品里太抬举当年的"小资"了。它们写的不是"小资",而是"大资"——外国的大商贾和冒险家,中国的大富翁和暴发户,洋行的买办,帮会的大亨以及形形色色的吸血虫,等等。灯红酒绿、花天酒地是属于他们的世界。贫富的极度悬殊才是三十年代上海的真实"风景线",如果不是这样,就很难理解为什么上海会成为中国革命的策源地。

我丝毫没有责怪那些作者的意思,因为我知道他们都是没有亲历过三十年代的年轻人——那个时代离他们实在太遥远了。他们写作依据的只能是喝过"皇家咖啡"、穿过"烟笼月纱"的阿公阿婆们的口头文学,和近年外国流行的洋人怀旧资料。——那反映的只是一小部分人的事实,而绝不是整个历史的真实。

　　莫把"大资"当"小资"!颠倒这个次序,就会颠倒了历史。

2002.10.12

《登楼赋》回归记

"登高楼以藏修兮,时掩卷而凭栏,闲仰观以俯瞩兮,觉地旷而天宽……虽桃源之足乐,奈人世之未安。潞扬尘于北海兮,忽寒暑已屡更。金瓯倏其破碎兮,怆铁骑之纵横。嗟流离之载道兮,念故国之可伤。花凄其以色变兮,鸟憯恻而心惊。凭轩槛而西望兮,意感激而难平……睹邦家之豆剖兮,孰能如太上之忘情?遭举世之烽烟兮,幸弦歌之未辍。天赋余亦良厚兮,敢玩愒而自绝?庶好学之有成兮,拯斯民于火热……"

上面这几段文采飞扬的骈文,摘自1942年上海交通大学财务管理系学生王福穰的作文《登楼赋》。当时的国文教授王蘧常先生作了十二字评语:"缠绵悱恻颇有得于骚人之旨。蘧"那年,王福穰年方二十一岁。

整整60年之后,2002年4月4日,上海交通大学副校长沈为平专程来到北京,登门造访王福穰,从满头银发的王老手里接过《登楼赋》的原稿,并向他颁发了捐赠证书。从此,这篇具有特殊意义的作文，作为校史档案回归交大。

对于我来说，深深为能够在这次传奇性的回归中充当一个媒介而感到欣慰。

九年前，在京工作的无锡国专老同学张慎趋给我寄来这份《登楼赋》的复印件，并告诉我，此文作者是我国著名国际金融投资学家，曾在中国人民银行、中国建设银行等任职，为我国国际投资工作颇有贡献。他一生从事经济工作，又长于诗词歌赋。写这篇《登楼赋》的背景是：抗日战争爆发后，交大的徐家汇校舍被日寇占领，被迫暂借在法租界的震旦大学新厦四楼上课。后来太平洋战争爆发，日寇进入租界，交大的处境更加艰难，但仍坚持办学。在这种形势下，王蘧常先生效东汉王粲作《登楼赋》以纾家国之痛的先例，给学生出了《登楼赋》这个作文题目，自然有深意存焉。而学生们也心领神会，借题发挥，同仇敌忾。王福穰的作文序言说得十分明白："但蕲众志之成城，定卜河清之有日。爰为赋以自励，仿仲宣（王粲）之体，亦名之曰《登楼赋》。"在敌人的眼皮底下，敢于出这样的题，作这样的文，真够有胆量的了。

由于有王蘧常先生的亲笔批语，王福穰一直把这份卷子随身珍藏，辗转南北。"文革"中它曾被抄走，十年后始得归赵。我读着它的复印件，惊叹不置，也感叹不已，一直想通过适当途径加以传播。1994年秋，从《文汇报》获悉，上海交大为了向学生进行爱国主义教育，正在筹建校史展览室，我突然想到，何不把王福穰《登楼赋》这份珍稀资料推荐出去？便以"卫晋"的笔名，写了一篇《交大的启示》，刊登于1994年10月14日《人民日报》，后来又由

《文汇报》转载。想不到这个"卫晋"给不少人添了麻烦:交大因为不知"卫晋"为何许人,无法寻访王福穰;王福穰耳闻有个"卫晋"写了有关《登楼赋》的文章,也不知是怎么回事,开始还怀疑是抄袭;连张慎趋也不知"卫晋"与他有何干系。就这样几方面找来找去,直到2001年下半年,张慎趋从上海博物馆王运天编撰的《王蘧常先生年谱》中发现一段记载:范某曾以"卫晋"笔名发表《交大的启示》云云,才恍然大悟,真相大白,可是已整整耽误了八年时间。

现在我最关心的是,王福穰先生的《登楼赋》原稿回归交大以后是否已经公开展出。如是,我想冒昧提三点希望:一、希望详细说明这篇作文产生的时代背景,激励莘莘学子勿忘历史,珍惜今天;二、希望详细说明王福穰如何六十年如一日地保藏老师的手泽,倡导树立尊师重教的风气;三、希望说明当年交大如何重视中国传统文学的教学,连财务管理系的学生,古文根基也如此深厚,而且像这样精彩的文笔,也只给打了"八十五分"。

2002.10.21

谒柳祠,念公仆

在唐宋八大家中,我对柳宗元情有独钟。前人评论他的文章"深、雄、雅、健",然而我崇敬的不仅是他的文风,更多的是他的政风,或曰"官风"。

柳宗元一生只活了四十七岁。他二十岁中了进士,三十二岁官至礼部员外郎,在仕途上可谓春风得意,一帆风顺。可是,后来参加了王叔文等人的革新运动,失败后被贬为永州司马,不久又转任柳州刺史。柳州自古为蛮荒瘴疠之地,历史上许多著名人物曾被流放于此,至今柳州的龙隐岩下,还留着他们的大量遗墨。作为一名正被"看好"的年轻高官,一下子受此沉重打击,柳宗元的心境可想而知。可是他不但没有消沉,没有颓废,反而更加奋发蹈厉,全身心地投入了柳州的兴革,在短短的四年中,释放奴婢,兴修水利,挖井修路,开荒种植,兴教办学,用现在话说,为老百姓办了大量好事、实事,受到广大人民群众的拥戴。与此同时,还留下了许多传诵千古的名文。柳州老百姓为了纪念柳宗元的功德，在他去世后的第二年，自发捐资修建罗池庙，即后来的柳侯祠。

正是出于对柳宗元的仰慕，今年十一月间，我和全国人大聂大江、宋木文等同事一起到柳州考察民族民间文化保护情况时，第一件事便是去拜谒柳侯祠。我原来以为，经过千年战乱和自然损坏，柳侯祠一定已经破败不堪，面目全非。没有想到它保护得那么完好，柳侯的衣冠冢、柑香亭、罗池、思柳轩等修葺如新。美竹绕屋，嘉木成荫，奇石峥嵘，游人如织。每到一处，总有人深情地说，柳州人至今还在享受着柳侯的遗荫。这使我想到，尽管世殊事异，时代已经跨入二十一世纪，柳宗元还活在柳州人民心中。

一个封建时代受贬黜的官吏，而且任职不过四年，为什么能够受到老百姓世世代代的怀念？在同广西柳州市人大教科文卫委员会的徐焕邦同志交谈时，他讲了一个观点：因为柳宗元身上有一种朴素的"公仆"意识。有何为证？他当场一口气给我背了一篇柳文：《送薛存义序》，后来又录赠给我。好在只有134字，不妨抄录如下：

凡吏于土者，若知其职乎？盖民之役，非以役民而已。凡民之食于土者，出其十一佣于吏，使司平于我也。今我受其值怠其事者，天下皆然。岂惟怠之，又从而盗之。向使佣一夫于家，受其值怠其事又盗若货器，则必甚怒而黜罚之矣，以今天下多类此，而民莫敢肆其怒而黜罚者，何哉？势不同也。势不同而理同，如我民何？有达于理者，得不恐而畏乎！

其大意是,作为一个地方官,他的职责是当好老百姓的仆役,而不是把老百姓当作仆役,因为官员是老百姓用赋税养活的。可是有的官员既不好好为老百姓干活,还要搜刮偷盗老百姓的血汗,而老百姓还不敢像对待家中手脚不干净的佣仆那样去处罚他、赶走他,岂不可怕?

一个一千多年前的官员,能有这种公仆意识,实在够"超前"了,难怪毛主席那么重视章士钊的《柳文指要》。

离开柳侯祠的时候,我在感慨之余,信笔写了这样几句:

> 昔读柳侯文,梦魂追踪迹。
> 今谒柳侯祠,凛然动颜色。
> 美竹绕廊庑,嘉木庭前植。
> 奇石托雅怀,青山铭手泽。
> 遗爱在一方,口碑何用刻。
> 临风发幽思,豁然开郁塞:
> 政绩岂在多,所贵廉与直!

2002.12.02

谁在坐这"冷板凳"?

离北京故宫不远的南长街上,有一座"皇史宬"。它是收藏清朝历代皇帝重要文书档案的大宝库,现在属于中央档案馆。一道朱红的高墙,把它和车水马龙的街道隔得远远的,使这座古老的建筑显得分外神秘和寂寞。墙外匆匆而过的行人,恐怕很少了解那是什么地方。

我瞩目于它已经将近二十年了,直到最近才有机会跨进它的大门。对我来说,两小时的浏览实在是太短了,好像面对浩瀚的大海匆匆地投了一瞥,而仅仅这一瞥,已经足够为之心摇神移。

且不说那浩如烟海的奏折和康熙、乾隆等皇帝的朱笔御批,单说那密室里几十座高及天花板的樟木大柜里庋藏的清室宗谱,恐怕任何人穷其一生也不可能看完。站在它们面前,不得不浩叹人的渺小和生命的短促。

过去,这座宝藏是不轻易展示的,现在已经部分向社会开放了。我问工作人员:到这里来阅档的人多不多,他摇头说不多,有时候倒是外国学者和留学生来得比中国人还多一些。我又问近些年来有关清宫的历史小说和电视连续剧非常红火，它们的作者、编剧、导演、演员是否来过？他说：很可惜，从来没有来过一个。要是来看一次，就不至于那么"离谱"了。

我们走进一间清代地方官员奏折的展室，里面只有寥寥五六名读者，其中倒有两位是外国留学生。我走近一位来自德国的研究生，他正专心致志地抄录一份山西官员的奏折。问他抄的是什么内容，他说他是学法律的，正在研究中国清代对于精神病患者杀人如何判刑的判例，而这份奏折对他很有用处，为他的研究提供了有力证据。

我真难以想象，他是怎样大海捞针似的从成捆故纸中搜索到这份历史资料。在中国，现在究竟还有多少学者肯于坐这样的冷板凳？

由此想起去年结识的那位丹麦女学者维贝根·伯恩达赫（汉名易德波）。我曾在今年1月22日《夜光杯》上写过一篇《惊听洋人说评书》，介绍她潜心研究扬州评书的感人事迹。一个多月前，突然收到她从丹麦寄来的研究成果——一部厚达400多页的专著《扬州古城与扬州评话》，并附短简：

"尊敬的范敬宜先生：您好！很感谢您的有意思的小论文《惊听洋人……》。有朋友看网发现了！"

我断断续续用了十多个晚上才把这部书读完，确实被她那种"寻坠绪之茫茫，独旁搜而远绍"的治学精神所震惊。在这部书里，不仅详尽地追溯了扬州评话的发展历史，对著名艺人王少堂、王筱堂、戴步章、高再华、费正良、任继堂、惠兆龙等不同流派的传承关系和特点调查得清清楚楚，还把他们的主要段子都翻译成英文，甚至把他们说书的表情和手势都摄影记录下来。也许我孤陋寡闻，对扬州评话作这样科学严密的记录和研究，恐怕不仅在外国人中是第一份。

由此想到目前我国学术界的浮躁风气，比如有些学者著书靠抄袭，靠"扒网"，靠"包装"，靠"炒作"，不用多久就"著作等身"，俨然成为权威了。这样下去，真不知究竟还有多少人能够在学术研究上，做到板凳甘坐十年冷，也不知将来中国文化遗产的研究成果是否也要靠舶来"进口"？

2002.12.13

范敬宜画作《桐荫夜话》并题跋:数十年不作画矣,今岁见《读者》杂志刊清人小品,不觉技痒,率尔操觚,成此两帧(一帧见另页《山水》),笔墨荒疏,不禁为之汗颜。(2001年夏)

范敬宜画作《山水》(2001年)

重游卢浮感慨多

巴黎的卢浮宫,是世界艺术的宝藏,也是法国的骄傲。每年来自世界各国的参观者数以千万计。

上个世纪的1995年,我第一次参观卢浮宫,深深被这里的艺术珍品所震撼。今年12月,有幸第二次进入这座艺术殿堂。时间相隔六年,虽然展品依旧,却另有重大发现,也可以说是重大变化。

第一个重大变化是中国参观者大大增加。六年前,参观者绝大部分是金发碧眼的西方人,黄皮肤的多属日本人、韩国人以及东南亚人,来自中国大陆的很少。现在情况大不相同,到处都可以见到中国大陆的同胞。我问卢浮宫管理人员,每天有多少中国游客,他说:"这可没法统计,因为来自中国大陆的,穿着、举止已经和从香港、台湾来的没有明显差别;不过肯定已经大大超过日本人和东南亚人。"最后他友善地笑着说:"中国人越来越有钱了!"

第二个重大变化是卢浮宫开始有了中文的导游图和说明书。记得十几年前我在国家外文局工作时，一直为外国重要旅游点不肯接受中国导游资料而苦恼，为此做过不少工作，始终没能解决。六年前我第一次到卢浮宫，在入口处看见摆着英、法、德、俄、日、西班牙等十几种文字的导游资料，唯独不见中文的，心里实在不是滋味。现在不仅有了，而且摆在显著位置。尽管上面印着一行"中华人民共和国国务院新闻办公室赞助"，也使我深深为之欣慰。

第三个重大变化是，许多卢浮宫的说明员和导游人员用中国普通话进行讲解，这在过去是难以想象的事情。特别令人惊讶的是，他们的普通话讲得相当准确、流利，而且富有风趣和幽默感。在维纳斯的雕像前，我看见一位法国女导游用一口漂亮的普通话向一群中国旅游者如此讲解：

"这是维纳斯。维纳斯是爱神，爱是人类最美好的感情，所以她是众神中最美的神。你们说，她美吗？（众答：美！）不，我认为她不美。（众笑）你们看，她有许多缺点。她的鼻子太高了，嘴太小了，腰太粗了，身材太丰满了。（众笑）用现在的标准衡量，她算不上美人。现在流行的是骨感美人，瘦瘦的，长长的，时装模特儿都是这样，你们中国现在不也是这样吗？（众大笑，鼓掌）所以说，审美观念不是一成不变的，是随着时代变化的，不同的时代有不同的审美尺度，说不定过了几年，维纳斯又成标准美人。（众鼓掌）……"

我听着心里暗笑：莫不是她读过我在"夜光杯"上写的《修车

摊上话"瘦身"》,在批判我的观点吗!

  据说,现在法国正在兴起一股学中文热,尤其是中国"申博"成功后,学中文的人越来越多。说来奇怪,法国人学中文还真有点天赋,加上他们开朗、幽默的性格,说出来的中国话还真别有一种风味,说不定将来会有一些超过那位会说中国相声的加拿大人"大山"。

  真是不到外国,难以深刻体会"中国的国际地位空前提高"。几年前出国,只要穿得整齐点儿,在街头,在电梯里,经常有外国人打量着你,问一句:"Are you Japanese?"(你是日本人吗?)现在变了,对方经常会冒出一句:"北京来的? 上海来的?"然后再翘起大拇指,说"真棒哎!"

2002.12.28

初闻"健康长寿"

每逢新年、春节，照例会收到一些亲友或同事的贺卡。今年也不例外，只是有些贺卡的祝词内容有所变化——除了常规的"祝新春快乐，万事如意"之类，多了一句祝"健康长寿"。

第一次看到这四个字，心头猛然一震：多可怕呀，已经到被人祝"健康长寿"的年龄了！

我对这四个字所以那么敏感，可能是有点受任仲夷同志的影响。据我所知，尽管他已届九十高龄，还是不爱听这句祝词。几年前他来过人民日报，有的同志说了一句"任老，祝您健康长寿"，他立刻正色声明："同志，你这话说得不好哟，凡是需要祝健康长寿的，说明他已经不怎么样了，要不为什么对少先队员只说'祝你天天向上'，不说祝你'健康长寿'呢！"当时我只认为是一种幽默，现在轮到自己头上，才知道这也是老年人的一种心境，或曰心态。

这种心境，最近我已出现过两次。上一次是去年12月25日，北京连续下雪的第三天，一个朔风凛冽，天寒地冻的日子。上

午,我匆匆赶往人民大会堂参加人大常委会议。快到西南门时,忽然听得一声断喝:

"老头儿!别往前走!"

我扭头一看,喝声来自马路中间一位指挥开会车辆的交通警,冲的是我这个"老头儿"。我急忙止步,从怀里掏出出席证。门口的工作人员忙向那民警示意,并连连向我表示歉意说:"他没看清是谁,乱嚷嚷!"我一再说明:"没关系,他是执行公务!"话虽这么说,这一天心里惘然若有所失。

后来,我是这样想开的:第一,叫我"老头儿"是名副其实。七十二岁了,难道还不算"老头儿"吗?问题在于近些年来,听惯了人们经常夸我不老,什么"一点儿没有变样",什么"你究竟有什么养生之道",甚至说"看上去还不到六十",等等。我虽然明知其言含有水分,心里却是美滋滋的。现在看来,那位素不相识的交通警说的才是真话、实话。第二,那位工作人员说的也是一种真话、实话。他之所以批评那位交通警,并不是因为交通警忠实执行公务,无非是因为他没有看清楚我的"身份"。如果我不具有目前这个"身份"(其实这个"身份"很快就要结束),那就只是个地道的普通"老头儿",那交通警的吆喝就不能算是"乱嚷嚷"了。事情难道不就是这样简单吗?

过去,我一直自以为是个比较旷达的人,对人事的代谢,人生的荣枯,早已参透。可是最近两次出现的心境,折射出自己对老、特别是对当个普通"老头儿"还是缺乏自知之明和足够的心理准备。

我满以为这么认识就够有"深度"了,谁知和一位年龄和我差不多的同事一说,对方很不以为然,说:"你这么想、那么想,好像是想开了,实际上还是很在意的。不像我们普通老百姓,早在二十年前就被人叫'老头儿'了,从来不会觉得难受;你怕听、不爱听人家祝你健康长寿,我还巴不得有人祝我健康长寿呢!——这恐怕就是你我之间的差距……"

我正想解释,他继续说下去:"你好好听我说。叫你'老头儿'也好,祝你'健康长寿'也好,都是好心,没有坏意,你听了欣然接受就是了,不能去驳人家,这才是真正保持了一颗'平常心',才能真正心情愉快地度过你的晚年。"

我想,他说的似乎有点道理。看来,"曾经沧海"的人要想保持一颗"平常心",还真不那么容易哩!对待年龄问题是这样,对待其他事情何独不然!

2003.03.06

我与"的哥"常交往

九届全国人大即将换届,有人问我:你当了五年人大常委,最值得回味的事情是什么?我答:是和"的哥"们打了五年交道,他们帮助我了解了许多社情、民情。

"的哥",是北京人对出租汽车司机的戏称。外地人常说,北京的出租车司机都是"业余政治家",往往能把国际、国内大事以至各种社会现象和老百姓的酸甜苦辣"侃"得头头是道、有声有色,这确非夸大。当然,其中难免有些属于道听途说,捕风捉影,但多数还是能够反映一点真实情况。对于人民代表来说,不失为一条了解社会、了解民意的特殊渠道。

有人觉得奇怪:你有自己的专车,又有尽职的司机,怎么会去和"的哥"们打交道?说来纯属偶然:1998年3月,九届全国人大一次会议期间,有一天由于我的疏忽,弄错了开会时间,只好临时匆匆忙忙"打的"赴会。那位司机从我佩戴的出席证上了解了我的身份,出于对人大代表的信任,一路上滔滔不绝地讲了许多对体制改革、工人下岗和城市交通问题的看法和建议,希望我带到会上。当天晚上,我把这些见闻写了一篇题为《"打的"赴会》的"两会漫笔",发表在次日的《人民日报》,引起了广泛注意。后来,我还把这位"的哥"的另外一些具体意见面陈一位中央领导同志,他听了很受感动,说想不到一个普通出租车司机能够这样关心国家大事。

从此,我便成了出租汽车的常客。"打的"的主要目的是和"的哥"们聊天,想听听在机关里和会议上不容易听到的事情。

刚到人大,就接触到对文化市场中所谓"三陪"问题看法的争议。有的认为情况严重,必须采取坚决措施;有的认为发展健康,不必大惊小怪,如果取缔会影响招商引资和从业者的生活;有的认为所谓"三陪"事实上都属色情服务,有的认为还必须区分"有偿"与"无偿"的界限;有的认为已大有收敛,有的认为愈演愈烈,等等。对这些问题,我纯属外行,根本没有发言权。后来终于把实底搞清了,"老师"就是"的哥"们,他们见多识广,对个中的一切内幕背景都了如指掌。长期坐而论道、争论不休的问题,打几回"的"心里都有数了,从而避免了在判断上的主观主义和形而上学。

人们往往认为,"的哥"们的"侃大山"不过是些低层次的信口开河罢了,只能姑妄听之。后来发现他们中间不少人文化层次不低,还颇有政治头脑。和他们聊天的内容,竟然包括:社会主义初级阶段完成的时间和标志,东南亚经济危机对我国经济的影响,中国现阶段社会阶层的划分,高校扩招的利弊得失,分配不公有无积极意义、出租车行业的"份儿钱"为什么那么高……真是五花八门,有时竟把我问住了。有些似乎不顺耳的话,还真有助于我们这些"官员"换个角度想问题。

中国申奥成功那天晚上,举国欢腾,北京更是欢欣若狂,兴奋的人群甚至使主要交通干线途为之塞。第二天在出租汽车里和司机谈起群众为什么这样兴奋,他说:"对这种场面要作分析。主流当然是为中国国际地位的提高而感到骄傲、自豪、扬眉吐气,但是不同的人还有不同的想法:商人想的是有钱赚了,下岗工人想的是有活干了,无房户想的是有房住了,居住条件不好的想的是旧房拆迁改善条件有希望了,还有一些人,老实说是起哄、发泄。世界上任何事情都不能一概而论,你们考虑问题可要冷静点!"最后他补充一件事:前一天深晚,他从机场拉了好几个香港房地产商人,他们是一看到电视新闻就连夜飞到北京来"抢滩"圈地的。他说:"如果这样,北京的老胡同可要遭殃了。"后来的事实证明了他的预见,我也曾把这番见解向有关部门"宣传"。

五年和"的哥"们常交往,听了许多真话实话,也记下了不少有价值的"实话录"。有的有时还互相通个电话聊聊。"的哥"们之所以能够如此无所顾忌、畅所欲言,与他们的职业有关——和乘客只有一面之缘,一下车就各奔东西了。不过他们恐怕万万没有想到,还真有那么一个"老头儿"会经常把他们的声音转达到国家最高权力机关。

2003.03.06

盼盼的"逆反诗"

外孙女盼盼,从小就是个聪明、温顺、听话的乖孩子。可是自从进了初中以后,性格渐渐地发生变化,变得沉闷、孤傲、不爱和大人说话交流,经常独自在她的房间里默默地写呀,轻轻地唱呀,不知道她究竟在想些什么。有人说:这就是进入青春期的孩子逆反心理的反映,慢慢会过去的。我却总觉得纳闷:我也是从青春期过来的,怎么没有经过这么"逆反"的阶段?

忽然,最近情况有了好转:话多起来了,笑声也多起来了,气氛又开始活跃。特别有意思的是,"三八"妇女节那天,她居然给外婆写了一张卡片:

"原谅我的一切过错,让它们像落叶一样飞走吧!"

我正纳闷,"逆反心理"怎么逆转得那么快?前几天偶然翻翻她的作文本,突然发现她写了一首不短的诗:《呼唤》:

大人们,停住你们忙碌的脚步/用你们平时教育我们的认真劲儿/仔细听听这番话吧别再老生常谈了/原谅我未用"请"字/地球上每个生命都是平等的/你们没有权力要求我们毕恭毕敬/而且用粗鲁的口吻命令道/把地上的灰尘扫干净

世俗的扫帚很沉重/它扫不走我们心头的乌云/却让我们对你们——可笑的大人们愈加怨恨

我们,渴望自主,渴望创造,渴望放纵/我们渴望自己的生活/可是作为大人的你们/却用那些老掉牙的"想当年"/一遍遍把我们想象的翅膀锁定/拉起遮盖光明的窗帘,我们看不到自由的天空

别再说什么"为你们好"/尽管语言是那么真诚动人/我们不想做楚楚依人的小鸟/我们的理想是展翅高飞的鸿鹄/告别了你们用玩具和糖果编织的梦的摇篮/我们会在只属于我们的世界找到真正的幸福

别再说什么"需要交流"/不同时代的人之间无形的代沟是永恒的/我并不祈求你们的理解/因为落伍的人永远体会不到领先者的快乐/当你们手举报纸/大肆批判前卫思想时/我们却在某个角落匿笑那些被时代车轮甩开的可怜人

别再说什么"这样不对"/乏味的解释难以填满我们贪婪的好奇心/我们需要尝试,尽管可能伤到自己/我们不在意/失败的结果反而会带来胜利的喜悦

大人们,你们不了解我们/我们同样不了解你们/但对于逐渐成熟的我们/不要再叫我们"小孩子"/请听一听,我们内心的呼唤

读完这首诗,我觉得体内血压呼呼上升。这世界真是变了!才十三岁,竟敢如此狂妄,把大人们平时苦口婆心的引导都蔑视为"被时代车轮甩开的可怜人"的"老掉牙"的"老生常谈"!用笔教育了一辈子别人,真没想到公然以如此轻蔑的姿态出来挑战的竟是自己的第三代!

我再往下看,诗的后面是老师用红笔写的几行评语。我心想:且看老师是怎样批评她的吧!

看了这首诗,相信任何一个"大人"都会被触动,也会莫名的感伤,但随后还是要用你不愿接受的方式来教导你。

别忘记,就像每一个果实都曾是美丽的鲜花,每个大人也都有过纯真的童年。

你有很强的文字表达能力,请永远不要放弃。

我突然醒悟过来,忙问盼盼近来的"逆转"是否和这位老师的评语有关?她点了点头。呵,这世界变得实在太快了,不但孩子在变,老师也在变,教育方式也在变,教育语言也在变,再用"老掉牙"的语言确实已经打动不了在网络时代长大的孩子了。就看老师那几句亲切、含蓄、委婉的朋友式的评语,我这个写惯了"应该指出""必然强调"的老报人就写不出来。时代发展到今天,老脑筋、老方法是该变变了。

恕我这篇"笔记"写长了,原因是盼盼有个嘱咐:"如果你想引用我的诗,那就一个字也不要删不要改。"

2003.04.07

垃圾桶上的文字游戏

大约是去年秋天罢，宿舍大院贴出公示：为了搞好废品回收，改善生活环境，决定对全院垃圾实行分类处理，希望得到全体住户的大力配合。

对于这样的好事，当然谁也不会有任何异议。几天之后，每幢楼旁都出现了三只不同颜色的高档垃圾桶，上面用白漆大字标明它们的用途：绿色的是"生活垃圾"，黄色的是"金属玻璃"，蓝色的是"塑料废纸"，标志鲜明，外观漂亮，居民们自然欢喜。每天上午，庞大的密闭式翻斗垃圾车隆隆开进院内，戴着口罩、手套的清洁人员把一只只垃圾桶的废物分类装车拉走，真有点现代文明生活的气象。

不到半个月，美丽的垃圾桶开始发生变化。不知道从哪位天才儿童开始，用刮刀对垃圾桶上的白漆标志实行"汉字简化"，先是"生活"被刮成了"牛舌"，接着"金属"被刮成了"全尸"，后来"废纸"被刮成了"发氏"，这种"简化"不断发展，最后的结果如下：

生活垃圾——牛舌立及
金属玻璃——人尸皮离
塑料废纸——土斗发氏

每天我往"牛舌立及"或"人尸皮离"里倾倒废物时,总不免笑出声来,好像听了侯宝林的一个什么精彩段子。中国的文字有多奇妙啊!中国业余文字简化专家的想象力有多丰富啊!说不定几千年后考古学家发掘出这几个垃圾桶时,得费多少脑筋去考证这"人尸皮离"是不是一种剥皮机器,就像过去有的考据家考证出"大禹是条虫",陶渊明老先生的诗句"刑天舞干戚"应该是"形夭无千歲"等等。

可是,这种文字游戏却招来意想不到的结果。当垃圾桶的标志还没有断臂缺腿时,住户们还真规规矩矩地实行分类倒垃圾;垃圾桶"易帜"以后就乱套了,"牛舌立及"扔进了"人尸皮离","人尸皮离"又扔进了"土斗发氏",最后你中有我,我中有你,连那庞然大物来运垃圾时,清洁工也只能"不分彼此"了。

现在,垃圾桶外观美丽依旧,清洁工每天还用消毒水细心擦拭,可是内容已经变了。为什么很多事情初衷本来是好的,干着干着就变了样,变了味儿?……

行文至此,一场"非典"突然袭来,干扰了继续写下去的雅兴,一搁就是一个来月。今天把这半截文字重捡起来,是因为读了5月5日《新民晚报》第8版上"全球关注非典"专栏上的一篇《透视日本防非典秘诀》,其中有一段标题为"垃圾细分类"的文字,内容如下:

"垃圾分类在日本尤其细致，住户必须按可燃和不可燃分别装入袋子，避免暴露在外，待固定的垃圾收集日前一天晚上扔出去……日本或许并非是远离'非典'的净土，注意个人卫生和环境卫生实非秘诀，但正是这些细微之处，成为抑制病毒蔓延的法宝。"

确实，这个垃圾分类既谈不上秘诀，更算不上法宝，文章作者也并没有把它上多高的"纲"，仅仅说是"个人习惯好，环境卫生佳"。殊不知世界上许多最容易做到的事情，恰恰是最难做到的事情。——难就难在人们经常把最容易做到的事情当作一种文字游戏！

2003.05.13

不爱长城非好汉

这行标题,是在清华大学新闻与传播学院门口一张海报上看到的。当时吃了一惊:怎么把毛主席的名句"不到长城非好汉""篡改"了?待到看了内容,才明白这是一位外国学者来清华作学术讲座的题目。

因为有事,那天没能去听这个讲座。据说讲的是关于如何了解和爱护中国历史文化遗产问题。这里说的"长城",是一种形象化的泛称,指的是中国历史文化遗产。构思还真够巧妙。不过,由一个外国人来讲这个主题,我不免既感兴奋,又感汗颜。

对于当今国人来说,对自己的历史遗产确实存在一个"爱"与"不爱"的问题。中国历史悠久,地大物博,历史文化遗产的丰富谁也比不了,谁能说不爱?但是在事实上,自觉或不自觉地"不爱"的还真大有人在,包括有些颇有知识和地位的人在内。要不,为什么近几年来会发生那么多破坏历史遗产的事件?

"不爱",有各种不同的表现形式。

一种是毫不可惜的存心破坏。比如最近北京一块全国最大堪称国宝的九龙玉砚,竟被有些捣乱的游客砸坏,引起舆论的强烈愤慨,但已无力回天。其实比这更令人痛心的事情多得很,某省在修高速公路时在地下发现了一个国内罕见的大汉墓群,施工单位担心如向文物管理部门报告后将会改变工程设计、影响工期,竟擅自雇用大批民工连夜将墓群砸烂埋上,毁尸灭迹,造成不可挽回的损失。

另一种是所谓"好心办蠢事"。比如为招揽游客,在旅游胜地大兴土木,建造宾馆、饭店,架设缆车电梯,添些俗不可耐的大佛彩塑、霓虹彩灯、激光音乐,等等。说起来是为了发展旅游事业,实际上是煮鹤焚琴,大煞风景,把好端端的"纯情少女"变成了"三陪女郎"。

再一种是在城市建设中,凭着"长官意志",不顾街道、建筑的原有风貌,不顾专家学者的呼吁劝阻,肆意大拆大改,把一座座本来各具特色的城镇搞得面目全非,千城一面,其历史价值荡然无存。

尽管动机、表现不同,根子都是"不爱"或不懂得爱。其源盖出于无知。既是无知哪能有爱呢?有道是,世上没有无缘无故的爱,反过来说,世上也没有无缘无故的不爱,譬如介绍对象,如果你对对方的品貌、性情、才能一概茫然无知,怎么爱得起来?

在上述三种类型中,最可怕的是第三种。因为这种人无知又有权,有权又狂妄,不但听不进任何正确意见,反而认为别人都是观念陈旧,自己才是最有"现代化意识"的"好汉"。这样的人一意孤行起来，其危害远远超过那种砸碎九龙砚之辈。

对于一个国家、一个民族来说，历史文化遗产是它的记忆，它的灵魂，是不可再生的宝贵精神财富。我们经常讲爱国主义，而爱国不是一个抽象空洞的概念，而是非常具体的。如果不懂得自己祖先创造、传承下来的历史遗产是何等可爱，何等光辉灿烂，不懂得它对于培养民族精神有着何等重要的价值，爱国主义从何谈起！从这个意义上说，不懂得应该如何去珍爱和呵护，岂止算不上是什么"好汉"！

"不爱长城非好汉"，这个口号提得好，有非常深刻而丰富的内涵。因此我斗胆建议：应该把这个口号醒目地写在或刻在重要历史遗产（包括各种自然景观）上！

2003.06.02

诗家情怀史家笔
——致《留学美国》作者钱宁

贺小钢给我寄来了您的力作《秦相李斯》和《留学美国》。这两本书,伴随我度过了这段非典肆虐的严峻日子,使我常常忘了窗外紧张、凝重的气氛。

《秦相李斯》是刚出版时就读过的。今天重读仍使我感到惊心动魄;《留学美国》则是初读。我真没有想到它会带给我那么多惊喜和感慨,以至有一次读至凌晨两点多钟,着枕时竟来不及熄灯。

说实话,我开始只是想把它当作故事随意翻翻的,因为这些年来写中国留美学生生活的作品(包括像《北京人在纽约》之类的电视连续剧)实在太多了。吸引我把它从头至尾读完的,不只是那些新鲜有趣的故事,而是太厚重的历史感和太深沉的时代感。您不仅以新闻记者的敏锐观察力,深刻地展示了一个真实的美国,展示了新一代中国留学生的向往、追求、奋斗、欢乐、挫折、困惑、艰辛……，更重要的是您还以历史学家的眼光和笔法，写下了从1872年首批迈出封建国门的中国留学生以至今天国门大开以后中国留学生的命运，实际上也是一百多年中国的命运。您熟练地交错使用了通史、编年史、断代史和个人奋斗史的写法，谱成了一部特殊的中国命运交响曲。诗家情怀史家笔，在您的书里得到如此完美的融合，这完全出乎我意料。

在这封短简里，我没有能力对这部书作出全面而深刻的评价，只想告诉您为什么我对它产生如此浓厚兴趣的另外两个原因：其一，读了您的简历，我才知道您曾在上个世纪八十年代当过人民日报记者。作为您的"先后同事"，我可能比别人更懂得您当年迈出那一步是何等不同寻常。其二，是一个戏剧性的情节：我的两位已故的姑母——范承俊和范承杰——竟是您密歇根大学的"先后同学"。她俩在二十世纪初获得"庚子赔款"奖学金，作为中国第一批女留学生赴美，而且都在密歇根学医，回国后一直从事医疗工作和医学教学。她们有着和您相同的经历，却远远没有您的幸运。当年她们除了忍受各种歧视和屈辱，埋头刻苦地学习知识和本领以外，没有您那样的机会和条件，去更深刻地观察社会、体验人生、比较制度。只是期望"他年期满学成，体用兼备，翊赞国家，宏图丕烈"（晚清主管留学生工作的官员李圭语）。为了实现这个愿望，她俩终身未嫁，像著名教育家、医学家吴贻芳、林巧稚那样，把毕生心血全部投入了自己热爱的事业。可是，在那个特殊的年代，她们和同时代数以千百计的早期留学生一样遭到了厄运，一夜之间成了"洋奴"被"批倒批臭"。她们至死也没有

明白这是为什么。如果她们能够活到今天,有机会读到您在《留学美国》结尾说的那一番话,大概就可以得到最后的安慰了:

> 一百多年来,中国被一个强国梦所缠绕。这个梦虽然几经破碎,却从未因领袖的变换、政权的更替、政党的兴衰和社会的巨变而破灭。为了这个梦,一个民族不惜变法、造反、革命、内战,尝试了几乎一切可以尝试的手段;为了这个梦,一代代人甘愿毁家、赴难、流血、捐躯,付出了一切可以付出的代价。
>
> 在这种种的努力中,包括这一代代留学生的派遣。
>
> 对中国而言,派遣留学生从来不是简单意义上的"文化交流",而是一个民族的忍辱负重、发愤图强——这是今天的留学生仍不得不面对的现实。
>
> 这想法是很中国式的,听起来好像留学生不但肩负着历史的重担,而且还必须充满自我牺牲精神。不过,回顾一百多年来的历史,也正是这种中国式的"爱国"支撑了一个民族的精神,使百年来因贫弱而饱受欺凌的中国终于在20世纪末叶看到了下一个世纪的曙光。

这是一个悲壮的结语。您为一百多年来几代中国留学生说出了想说而没有机会说、或说不出的心里话。如果谁不懂得这种"支撑了一个民族的精神",就难以理解我那位当了一辈子医学教授又饱受磨难的承杰姑母,为什么会在弥留之际被批准入党之时,竟会奇迹般地从病床霍然坐起,在一幅三尺白布上,用红笔写下"中国共产党万岁"七个大字,然后把它轻轻覆盖在自己身上……

如果您的《留学美国》将来有可能改编成一部电视连续剧,请把这个浓缩着几代中国留学生血泪的细节增添进去吧!这样也许可以使更多的留学生懂得该如何珍惜现在,把握未来。

2003.06.23

陪着孙辈一起长大

一个月前,我给"夜光杯"写了一篇《盼盼的"逆反诗"》,针对当前青少年中常见的"逆反心理",发了一点感慨:"这世界变得实在太快了,不但孩子在变,老师也在变,教育方式也在变,教育语言也在变,再用'老掉牙'的语言确实已经打动不了网络时代长大的孩子了。"最后的结论是:"时代发展到今天,老脑筋、老方法是该变变了。"

文章于6月4日见报后,居然引起了一些共鸣,有的文摘报还作了转载。我暗自欣喜:看来我还算是比较开明的老头吧!

可是,我把这篇文章的意思讲给清华"弟子"们听了之后,他们的反应竟和预想的很不一样。其中一位很直率地对我说:

"范老师,您的呼吁应该说实际上也是过时的。现在和年青一代沟通,仅有理解是远远不够的,您还必须陪着他们一起长大,重新经历、学习他们所喜爱的一切,和他们混在一起,打成一团,这样他们才认为你'够懂'他们的世界,有'资格'跟他们在一起讨论问题。这时候,您才可能以一个长者的智慧和远见去向他们做'老生常谈',去'遥想当年'。也只有在这时候,您说'这样不对''是为你们好',他们才能接受。"

听了这一番话,想想也真有道理。可不是嘛,平时我们经常讲"代沟",而且感叹这"沟"的时间间距越来越短,就像计算机、手机的更新换代一样快。这种"代沟",从根本上说,主要是社会、经济、科技快速发展带来的与孩子们之间"见识"上的差距。想想我们这老一代,十二三岁时,电话、电报还是稀有之物;我儿子那一代,十二三岁时能组装个矿石收音机、半导体收音机就满不错了;而现在这第三代,十二三岁已经是玩网络、E-mail 的老手了。见识如此悬殊,观念能无差距?常言道:"教育者必须先受教育",要获得了解他们内心世界的资格,确实得"陪着他们一起长大"才行。

认识到此似乎已经完成,可是当我向同辈们谈起这番新的感悟时,又听到另一番议论:

"他们说的我都赞同,但是你别忘了,作为生活阅历比孩子们丰富许多的长辈,你的责任不仅要在现代知识方面陪他们一起长大,还应该指导他们懂得鉴别,告诉他们哪些喜爱的是健康有益的,哪些是不健康和有害的;哪些'逆反'是有道理的,哪些'逆反'是没道理的。如果从一个极端走向另一个极端,一味地认为自己什么都不如孩子,不加区别地一切都'顺'着他们,这恐怕也是另一种不负责任。"

看来,把这两种意见合在一起,可能比较接近真理了。

这篇短文写到这里,本来已经准备煞尾,无意中发现盼盼的一份暑期语文作业,其中有道题目是:

"请你为动物园写一块宣传牌,提醒游客不要给动物喂食或其他东西。要求语言生动、形象,游客易于接受。"

我先不看盼盼的答案,试着考考我自己这个教授级的"老学生",想了半天,实在想不出一个像样的,最后只好看看盼盼的答案是什么,想不到她是这样写的:

"谢谢您,我不饿!"

我不禁叹曰:要取得"陪着孙辈一起长大"的资格也不容易啊!

2003.07.08

"岂能如尽人意"?
——请电视导演学点书画常识

平时常看电视连续剧,由于爱好书画,便对场景中的书画特别注意,发现谬误甚多。现将随手记录的"案例"略举一二,以期引起注意。

例一:最近播映的一部收视率甚高的反贪连续剧中,一位领导干部客厅墙上挂着这样一副对联,而且反复出现:"岂能如尽人意 但求无愧我心"。

按:这是一副人们熟悉的老对联,但上联应是:"岂能尽如人意",而不是"岂能如尽人意"。现在一字之差,不仅意思不通,而且对仗也错位了。

例二:一部反映陈毅同志军旅生涯的连续剧中,新四军军部墙上竟挂着陈毅同志写的诗作:"大雪压青松,青松挺且直,要知松高洁,待到雪化时。"

按:陈毅同志此诗作于1960年12月,属于《冬夜杂咏》中的一首,比新四军转战江淮时晚了将近二十年,怎么可能出现在新四军军部?看了未免令人联想到"关公斗秦琼"的相声。

例三:在一出古装戏里,墙上挂着八个大字的条幅:"所贵者胆,所要者魂"。

按:"所贵者胆,所要者魂",是现代国画大师李可染先生的名言,不知哪位古人有此先见之明。

例四:在一位教授书房里,挂着一个条幅写的是半首杜甫的《望岳》,还把"阴阳割昏晓"写成"阴阳割晓昏"。

按:杜甫的《望岳》是一首五律,应为八句,可是这位有学问的教授不知为何只写了前四句,特别是把此诗最关键的两句"会当凌绝顶,一览众山小"也舍弃了,实在难以理解。

例五:在唐代的皇宫里,大屏风上画的是写意墨竹。

按:写意墨竹到宋代才出现,唐代画竹都是双钩填色。

例六:一部描写上个世纪三十年代上海大资本家生活的连续剧,客厅的整面墙壁是《清明上河图》的巨幅复制品。

按:这样巨幅的放大复制是现代高科技产物,我国近十多年才从日本引进,因此根本不可能出现在上个世纪三十年代。而且当时《清明上河图》已被末代皇帝溥仪掠入伪满皇宫,世人不得一见,遑论复制。稍有书画常识的人看了,便觉得太违反历史真实。

诸如此类,不胜枚举。

在影视作品中,适当地运用书画作品,有利于烘托环境氛围,表现剧中人物的身份、地位、性格、修养。因此,它不是可有可无的点缀,本身就是一种文化。什么样的人物,什么样的环境,该用什么样风格、什么样层次的书画作品,都大有学问,大有讲究,最低标准也不能出笑话。因此,作为导演或美工,都应该懂一点中国书画常识,有一点书画艺术修养。否则,出现类似上述的问题,就不只是"白璧微瑕"了。

记得几年前有一部回忆周培源先生的电视纪录片,在拍摄他的书房环境时,对墙上悬挂的一幅元代大画家倪云林画的山水给了一个特写镜头,那淡雅飘逸的笔墨不仅含蓄地展示了周先生作为大科学家的淡泊胸襟,也在无言中告诉观众周先生还是一位具有很高艺术品位的书画收藏家。事隔多年,我还常常称赞那位导演或录制者的眼力。

2003.07.16

季老病中写新书

很久没有见到季羡林先生,没有读到他的文章,心里十分惦念。去年,先生入院动过一次大手术,刚好一点,又因指甲发炎,造成血液感染,加重了病情,更是叫人担心。想去看望他吧,那个医院制度太严,谢绝所有人的探视。无奈只好给他写了一封信,却久久没有回音,这更增加了我的忧虑。

今年八月下旬的一天,先生的研究生崔向全高兴地跑来告诉我,季老的病情大有好转,今天正是他的九十三岁生日,北大、清华的领导要到医院为他祝寿,问我是否能够参加。我喜出望外,不巧的是,前几天我骑车上街,不慎摔了一大跤,行动不便,只好委托小崔代我向先生表示祝贺,并希望能约一个见面的时间。

小崔带来了一封先生两个月前给我写的、但迟迟未能寄出的信。信不长,但对我在清华大学新闻与传播学院的讲课表示了深切的关注。他写道:"你现在讲授《新闻评论与专栏写作课》,这实在是一个很有趣的题目。你驾轻就熟,当无困难,不过你提到'范文'……到了今天已经陈旧。我们今天所需要的不是这样的文章,而是能充分说理的、心平气和的(对待敌人和坏人当然不同),能够理解人的。至于文字,我认为,一要准确,不夸大,不缩小;二要生动,有灵气,如果你的学生中能有人写文章能稍稍接近你的文章的水平,那就再好不过了……我现在是出院尚无定期,季荷开放之日,当能回到北大。真诚欢迎你来看一看季荷。"最后的祝语是:"既寿且康"。

读了先生的信,我内心激动不已。他写此信的时间是6月15日,正是他病情很不稳定之时,可是他对自己的健康状况一字不提,关心的只是改进文风,改进教学方法,培养优秀的新闻人才,并且切中时弊地表达他对新闻评论的观点,字里行间充溢着长者之情,学者之风。

那天晚上,我转辗难眠,写了四十行长歌:《寿季老》,准备见面时作为补送的"寿礼"。

十天之后,这个愿望终于实现了。在一间整洁朴素的病房里,我见到了睽违两年多的季老。他的气色、精神比想象的好得多,只是比以前略见清癯。谁也难以相信,一位受了一年多病魔折磨的九十多岁的高龄老人,能够保持这样精神状态。

没有任何寒暄,季老第一句话便是:"我一直在想,你的评论课应该怎样讲。我建议你,不要用任何现成的教材,也不要花许多精力去找范文、备教案,那是会束缚学生思想的。你应该主要通过自己的写作实践,向同学们讲我这篇当时是怎么构思的,那篇当时是怎么立意、论证、运用材料的,让同学们去心领神会,千万别把八股腔传染给他们,那样会害他们的……"

我怕先生说得太累,便把话题岔开:"季老,您过去是天天写文章的,现在住在医院里一定受到限制了,是不是很不习惯?"

季老笑了,开心地说:"不,还照样写。很快就会出版的,书名叫《病床杂文》,将近十万字。"

一直陪护季老的李老师在一旁补充道:"写作是先生的命根子,他从不间断。连一天需要输液十七瓶的时候,他还在那里想,还在那里写。比如,哪种药液每分钟滴多少滴,他都观察、记录、联想,然后把这些感悟写进书里。"

我忽然发现,季老在谈话时腰板一直挺得笔直,双手平放在两膝上,像小学生听课一样。我再三请他放松,在躺椅上靠一下,他摇头说:"不用,习惯了,我一辈子看书、写字、吃饭、会客都是这样。"

我说:"您祝我'既寿且康',其实这四个字送给您才是最恰当不过的。所以我借您这四个字为您写了一首诗,现在念给您听听,请您指教。"——

仁者寿,智者康,既寿且康古难全。唯我季翁能兼得,华夏文坛谁比肩?耳聪目明扛鼎笔,神清气爽人中仙。桃李三千何足数,四海喁喁仰高贤。论文自古重风骨,道德文章孰为先?历代文豪如星汉,欲求铁骨属大难。当年沧海掀浊浪,几人谔谔敢诤言?先生一身担道义,雨骤风狂腰不弯。史家正气诗家性,一卷宏文留人间。云开日出仰天笑,等身著作成指南。门前冠盖若云集，名高天下犹谦谦。一袭青衫三十载，爱书爱猫爱季莲。爱书为养浩然气，爱猫仁心出天然。爱莲托物明心迹，出淤不染守清廉。荷塘白猫相为伴，心如明月照清泉。癸未七月介眉寿，谈笑风生百花妍。嗟余伤足难举步，徒羡欢声绕尊前。权将芜词四十句，恭献师表意绵绵。班门弄斧翁休笑，失粘错韵翁莫嫌。

2003.09.08

五十年后才相会

从大学时代开始，魏巍就成为我心目中的偶像。可是由于种种原因，始终缘悭一面。直到今年9月16日才第一次握手，这已超过半个世纪了。

他绝对不会想到，是他的一篇《谁是最可爱的人》决定了我一生的命运。

我记得很清楚，第一次听到魏巍的名字，是上个世纪的1951年4月11日。那天下午，我在圣约翰大学新闻系旁听新闻写作课。讲课的教授是被称为《大公报》"四大才子"之一的刘克林先生。那年他才28岁，已担任《大公报》的国际部主任。他头脑敏锐，才气过人，经常为上海的大学生作关于朝鲜战场形势报告。他鞭辟入里的分析能力和卓越的口才，一时不知倾倒了多少青年学子。那天，他走进课堂，就从公文包里拿出一份《人民日报》，严肃地对同学们说："今天，我要先给你们读一篇激动人心的好文章——魏巍写的《谁是最可爱的人》……"

本来就热情似火的刘克林先生,朗读这篇文章时更是慷慨激昂,声泪俱下,特别是读到最精彩的结尾时,全体同学都为之肃然动容。这是我永远难忘的一课。

也是从这一天起,我就萌生了"当魏巍"的念头。

1951年是实行大学毕业生全部由国家统一分配工作的第一年,我正逢应届毕业,便面临何处去的选择。几乎没有任何犹豫,我放弃了留在上海当助教的机会,作出了到"白山黑水去当魏巍"的决定,从此走上了新闻工作的"不归之路"。

在"白山黑水"的三十多年,尝遍了人间酸甜苦辣,但是想起《谁是最可爱的人》关于什么是幸福的那段抒写,依旧热血沸腾;哪天能够见上一面魏巍,依旧是我的梦中追求。——当然,在那个年代,只是不切实际的幻想。

云开日出,我在54岁那年调到了北京的新闻单位,我首先想到的是有机会能见到魏巍了。可是,由于我本身性格的拘谨,机会一次又一次地错过,将近二十年过去了,仍然是"缘悭一面"。

真是"人生何处不相逢",第一次见面纯属意外。9月16日,中国作家协会和全国总工会联合举办纪念已故著名女作家草明九十诞辰的座谈会,我因在东北时曾经采访过草明同志,也被邀请参加。走进会场,发现前排坐着一位身材高大、鹤发童颜的老人,心里一动,定睛一看座前的名签,赫然是:魏巍!

我顾不上和旁人寒暄,直奔魏巍。许多人围着他问长问短,他又耳背,很费力地应对着。这时我觉得再也不能错过机会,不顾礼貌地挤到他身旁,俯在他耳边大声说:"魏巍同志,我叫范敬宜,是您几十年的崇拜者,您的一篇《谁是最可爱的人》,吸引我走上了新闻工作道路。谢谢您!"

魏巍显然没有听清我的话,经过旁边一位老作家介绍,他才露出笑容,合掌向我致意。

轮到我发言时,我着重讲了作家的一句话对读者产生的终身影响。由草明讲到魏巍,我仿佛又回到五十二年前的课堂,像刘克林老师那样背诵完《谁是最可爱的人》最后那段记了大半辈子的话。我提高嗓门喊道:"魏巍同志,您的文章把我'坑'了(全场大笑)!不过我一点不后悔,因为它使我懂得了人生应该追求什么样的幸福!"

魏巍侧耳听着我的发言,我讲一句,他旁边的那位老作家向他俯耳"传译"一句。当他听到我说他"坑"了我时,不禁也笑出了声,大声问我:"你在东北待了多少年?"我答:"整整三十四年。"他若有所思地点了点头。

五十二年的"魏巍梦"就这样圆了。没有年轻时憧憬的热烈拥抱,尽情诉说,激动的泪花。一切都那么平静。毕竟都是饱经沧桑的人了——他八十三,我七十二,燃烧的激情已经变为悠长的恒温。

2003.10.02

温馨的小黄花

今年9月10日,是我生平第一次以教师的身份过教师节。

那天早晨,我还全然没有意识到要过自己的节日,照例来到清华大学新闻与传播学院讲课。走到办公室门口,发现门把上插着一枝小黄花,不禁一怔。踏进房间,办公桌上赫然摆着两小盒酸奶,底下压着一张小卡片:"范老师,祝您节日快乐,今晚我们陪你赏月,喝酸奶!"

这时我才蓦然反应过来:今天是教师节!怪不得刚才路过附近的花店,门口围着那么多小孩子。

一枝黄花,两盒酸奶,算不上是什么贵重的礼物,可是在我心头的分量却是沉甸甸的,并使我立刻想起了一桩难忘的往事。

1984年5月,我曾有机会随当时全国记协常务副主席王揖访问匈牙利。王揖同志曾是东北日报社长,1951年我刚开始走上新闻工作岗位时的老领导,承他事隔三十多年还想到了我,当然兴奋得难以安眠。到达布达佩斯第二天大清早,我们就一起到街头散步。当时正是丁香盛开的季节，家家门前、院内的丁香树，繁密的小紫花缀满枝头，一股清香，沁人心脾。忽然，我们发现背着书包去上学的小学生，个个手捧一束丁香花，觉得很新鲜，便问翻译。翻译告诉我们，匈牙利人特别尊师重教，每到春天，都要把家里最早开花的丁香献给教师，表示对"园丁"的尊敬和感谢。

凑巧得很，我们当天上午的日程正好是参观一座小学。果然，看到每个教室的窗台上、讲台上都摆满了丁香花。走进教室，就感到一种温馨的气氛扑面而来，在这种温馨的氛围中，教师讲课的声音是甜甜的，学生脸上的笑容也是甜甜的。穿着盛装的女教师，每从孩子们手里接过花束，都要像慈母那样亲吻一下他们的双颊，说一句："谢谢你，我的小宝贝！"目睹此情此景，我们这些经历过文化大革命大破"师道尊严"的人，不仅深受感动，而且大吃一惊，似乎发现了新大陆。心里默想：我们国家什么时候也能出现这种师生温馨融洽的气氛啊！

结束访问回国之后，我写了一篇通讯《温馨的丁香花》，交给王揖同志。他看了标题，沉吟良久，喃喃自语："温馨？温馨？温馨算啥子？用这样的词儿合适吗？"王揖是一位思想比较解放的老同志，竟然还怕这"温馨"两字，说明刚刚走出"文革"的噩梦，谁也难免心有余悸。我同他"争"了好一会儿，他勉强同意按原题发给《人民日报》，请他们裁定。那几天里，我心情很紧张，既怕他们改，又怕他们不改，出了问题来个"文责自负"。没想到文章很快在6月2日的《人民日报》国际版发表了，标题没有改动——毕竟"大气候"开始改变了！

今天向年青一代讲这段插曲,似乎有点近乎天方夜谭了,因为"温馨"已经成为最时尚、也最吸引人的词儿;而在教师节给老师送一束花,似乎也已成为正常不过的社会风尚。谁能想到,这一点看似微不足道的变化,得来是何等不易!没有二十多年前开始的那一场社会大变革,今天这种"温馨"的举动不被当作"阶级斗争新动向"才怪呢!

当然,在尊师重教问题上,当前还存在不少值得忧虑和亟待改变的现象,我们要做的事情很多,绝不应该满足于一些表象上的变化。但是如果站在历史的长河前面冷静想一想,我们的社会确确实实在飞快地进步——我面前的小黄花也这么告诉我。于是,我借用十九年前用过的标题句式,再写这篇短文。

2003.10.22

雪窗静思

11月6日晚,一场罕见的大雪悄悄降临京城。说它"悄悄",是因为它来得突然,来得无声无息。后来才知道,有人听到过雷声。当时我正在灯下写稿,直至深夜,竟毫无察觉。早晨醒来,拉开窗帘,才发现外面已是一片银白世界,但雪已停了。

我站在窗前,欣赏着这难得一见的雪景:楼前的那块草坪,昨天还是绿茵茵的,现在好似盖了一床厚厚的雪被,露出星星点点的绿草尖,组成了一幅奇特的现代派图画。园中三棵苍松,树冠堆满又厚又重的雪团,越发显得伟岸挺拔。小径还没有人迹,只有几只喜鹊,迈着颇有绅士气度的步子,在雪中觅食。

此情此景,使我突然想起1948年在无锡国学专修学校"曲选"大考时做的一套散曲:

"宵来柳絮扬,皓色照书幌。庭院堆盐,冻雀相偎傍。寒鸦点点翔,费猜详,亭阁新添缟素妆,更有那松枝披上天鹅氅,梅萼绽来冰麝香。漫评量,丰年有兆庆江乡。只可惜鸳瓦琳琅,曲径琼璜,抵不得绵和纩。……"

我不禁哑然失笑。那时我住在上海,哪见过这样的雪景!一套曲文,不过是堆砌辞藻加合理想象而已。眼前的景色,倒真有点符合曲中的描写呢!

正在冥想,电话铃响。是谁这么早打来电话?拿起耳机,传来一阵急促的话音:"昨晚一场大雪成灾了!马路两边的树,成片被冰雪压断,横倒竖歪,遍地枝杈,有的树从梢到根,裂成两半……"

我不相信:"我在东北待过三十多年,大雪见得多了,从没这种情况,你是少见多怪吧!"

对方断然否定:"不信,你上街看看!"

天寒地滑,我没有敢"上街看看",但是信息不断传来,特别是中央电视台的《新闻联播》也作了现场报道,方信所传非虚,同时也弄清了原因:一是往年下雪,一般都在树叶落尽之后;这次是气温骤降,而且是先雨后雪,大多数树木还"木叶未脱",就承受不了雨雪的重压了。二是受灾的绝大部分是木质比较松脆的树木,如杨树、榆树,至于青松、翠柏则安然无恙。

听了这些解释,不免浮想联翩。树犹如此,人何独不然?中国人自古习惯把花木人格化,喜欢歌颂抗风耐寒的松柏、翠竹、霜菊,以此来砥砺气节、操守。但是,在正常气候的变化下,它们与杂树、凡卉的差别并不太大,只有在风云突变、"林花纷谢一时稀"的特殊情况下,才能看到两者的霄壤之别。这次可真是大开眼界了。

记得三十多年前,初读陈毅元帅的名诗:"大雪压青松,青松挺且直,要知松高洁,待到雪化时",心中不免有点疑惑:雪中"挺且直"的树木岂止是青松?其他树木不也都好好的吗?现在才体会,这位刚毅不屈的元帅观察世界的深刻,我当时毕竟还是涉世未深。

于是,我又翻开不久前逝世的穆青同志的讣告。穆青是我国新闻界的泰斗,他的名篇佳作早已人所共知,无庸介绍。最值得注意的倒是讣告中列举的两件事:一是他在新华社华东总分社、上海分社担任领导时,正值反右运动,他"坚持从实际出发,顶住了来自各方面的压力,保护了一批记者"(据我所知:一个"右派"未划);二是在"文化大革命"期间,"他始终以力所能及的方式与'四人帮'等进行不屈的斗争。1975年,他与朱穆之、李琴同志一道,联名向毛泽东主席写信反映问题,再次遭到'四人帮'的疯狂迫害"。

了解当时时代背景的人,都会懂得,做到这样的"挺且直",是何等不易!

当我快写完这篇短文时,已经日出雪融,依窗遥望,又是满目青翠。但是这场大雪给我带来的思考,可能未有穷期……

2003.11.14

回应"许嘉璐的话"

11月28日"夜光杯"刊登了一篇贾海红写的《许嘉璐的话》,因为话题涉及新闻记者的修养,自然引起了我的注意和兴趣。

许嘉璐副委员长的话题,是由《故训汇纂》出版座谈会上新闻记者的表现引起的。据说,那天面对着这部耗时十八年竣工的大型工具书,这部提供了我国几千年历史文化书面典籍多层面信息的皇皇巨著,以及众多为此作出重大贡献的著名专家、学者,到会的许多新闻记者、特别是一些年轻的记者,表现了极度的冷漠,签到后拿到资料、领到礼品就纷纷离场而去。此时,一向很尊重新闻记者的许嘉璐忍不住说话了,他说:"这让我感到很失望。我个人认为他们失去了一次从'小记者'成长为'大记者'的机会,因为在这里就座的都是他们的老师、甚至是他们的'太老师'……"

作为一个老新闻工作者,看了许嘉璐的一席话,我既惋惜,又感叹。

惋惜的是,我无缘参加这个隆重的出版座谈会。出版《故训汇纂》的消息,我是从前些日子的报纸上看到的,当时曾想,这样重要的大型中国传统文化工具书真该先睹为快,可惜无人请我。而有机会遇此盛事的人,却没当回事儿;而且事后也没有读到(也许我孤陋寡闻)一篇有关的重头报道。

感叹的是,这类现象早已司空见惯,而且不仅发生在这类出版座谈会,连有些比这更为重要的会议,记者的这类表现也屡见不鲜。几年前,我曾参加过一次江苏宜兴市在北京举办的关于该市环境保护的新闻发布会,费孝通先生在会上作了一个精彩的发言。可是在他发言的过程中,几乎所有的记者都在后面叽叽喳喳地开"小会",详细作记录的只有我一个老朽。次日各报刊登的都是一条干巴巴的简讯,倒是我写了一篇实录性新闻:《再给后代五千年》。这使我很悲哀。

发生这种现象,固然有一定的客观原因,比如,有些会议内容确实比较空泛,没有多少新闻价值;有些会议给记者提供了"通稿",养懒了记者的手脚。然而不少会议还是很有内容的,有的总体来说虽然比较平淡,但中间也会出现"闪光点",只要记者耐心听下去,很可能抓住一条"活鱼"。因此我说过,会议是信息最集中、议论最集中的场合,不愿意"听会"、不善于从"听会"中沙里淘金的记者当不成好记者。

在我认识的新闻记者中,"听会"最认真的有两位:一位是大名鼎鼎的爱泼斯坦,他不论参加什么样的会议,都在认真记录,即使到八十多岁高龄,仍然如此,我曾问他:您记了这么多,都有用吗?他淡然一笑说"不一定都有用,但也说不定有用",反正是职业习惯了。据说他保存着从1936年来到中国以来的全部采访记录,这已不仅属于他个人的宝贵财富了。另一位是现任新华社总编辑的南振中,他从当普通记者一直到现在,不论是参加中央的重要会议还是最普通的座谈会、新闻发布会,都是手不停笔,从不停歇。大概在十年前,我曾问他累计用掉了多少笔记本,他说:"大概要有两千多本吧! 堆满了一间小屋子。"那么现在至少已超过三千了。最近我读他新出版的《与年轻记者谈成才》,进一步明白他本身的成才与他平时勤于积累有多么大的关系。

其实,在年轻记者中也有善于从会议上抓取"闪光点"的。不久前,《人民日报》刊登过一条独家新闻:《温总理放心不下的三件小事》,在全国产生了很大反响。据说,温总理这"三件小事"是在全国农村教育工作会议上离开讲稿即兴讲的,不料被人民日报很有新闻敏感的记者捕捉到了,单独成篇,便产生了意想不到的效果。

看来,在会议新闻这个领域里,记者的用武天地同样是很大的,问题是要有"三心"——留心、耐心、责任心。

2003.12.09

范敬宜临陆廉夫山水册《落花吟》(1948年)

范敬宜临陆廉夫山水册《秋声赋》(1948年)

流光何曾把人抛?

"流光容易把人抛。红了樱桃,绿了芭蕉。"

每到年末岁首,细数一下过去的一年里,计划中要做的事情究竟落实了多少,落空了多少,总不免轻轻惋叹,想起宋人蒋捷这两句词。

词确实很美,但后人喜欢它,大概还是因为它把一切懒惰的责任推给了"流光",使自己可以心安理得。

其实,流光何曾把人抛?流光对每个人都是公平的,一分一秒都没有偏心。倒是世人易把流光抛。《牡丹亭》里的杜丽娘说得比较公正:"锦屏人忒看的这韶光贱!"

生出以上这番感慨,是在今年岁首看了一段关于成思危先生科学利用时间刻苦治学情况的报道。真想不到,在人们埋怨当前社会浮躁纷华之风的时候,竟然还有这样"只争朝夕"的人。

大家都知道,成思危是身居高位的副委员长;但是对于他同时又是一位杰出的学者——经济学家、管理科学家、化工专家、软科学家，则知之不多。近几年来，他在繁忙的政务之余，发表学术论文200余篇，自著和合著著作数十部，还担任北京大学、清华大学、南开大学、中国科学院、中国社会科学院、上海交通大学等10所高等院校、研究机构的兼职教授，指导20名博士。头衔这么多，他都安排得有条不紊。

更令人吃惊的是，他还熟练地掌握六种外语——英语、俄语、日语、德语、法语和西班牙语。尤其是西班牙语，是他67岁才开始学的。缘由是那年他接待一位西班牙学者，因为语言不通，需要依靠翻译，当时他就向客人许愿："明年你再来中国，我一定要用西班牙语和你交流！"事后，他就发愤学习西班牙语，果真实现了自己的诺言。

"流光"对成思危没有丝毫优待。他的时间完全是靠一点一滴"挤"出来的。

请看他是如何安排业余时间的：每天早晨6点起床，先打太极拳，然后学习外语；下午下班回家后，浏览各种报刊；7点晚餐，同时看《新闻联播》，嘴眼并用；然后读书、写作2—3小时；10点半以后上网；12时入睡。周六、日都是他的工作日，除有时打打桥牌外，所有时间都用于写作。每年三次长假，都在家写作，每次长假都可以写出一篇大文章。

在全国人大工作期间，我和成思危副委员长有过一些接触，所以深信报道完全真实。有一次，我随他到湖北省考察义务教育情况，对他严谨、科学的学者作风感受特深。每天的日程，他都安排得环环紧扣，不让有宴请或游览的时间。7点早餐，他总是第一个来到餐厅,第一个吃完,准备出发。开始,有些年轻同志不了解他的生活习惯,来到餐厅时发现首长已经在大门口等待上车,只好把早餐免掉,后来谁也不敢再行动迟缓了。晚上,他匆匆用完晚餐,就回到自己的房间,按计划读书、写文章和准备第二天的发言,免除一切应酬。地方领导多次动员他游览道家胜地武当山,他都婉言谢绝。直到最后一天,在视察归途经过武当山时,他才勉强下车,匆匆浏览了不到一个小时。当时我心里觉得他过于执拗,读了他的事迹,才明白要想在事业、学问上真正有所成就,非得对"流光"有点这样的执拗劲儿不可。

  古往今来,有多少过客都是嗟叹"韶光易逝,人生易老",埋怨造物者的不公。到了现代,又增添了许多新的说法,什么"生活节奏太快"呀,"跟不上现代化的步伐"呀,并以此作为没有时间读书、做事的借口。其实,一天二十四个小时,无论对谁都是分秒不差地赐予的。它虽然留不住,却可以抓得住;它虽然来无影去无踪,却可以物化为一件件、一桩桩看得见摸得着的业绩。空叹"还与韶光共憔悴,不忍看"、"空惆怅韶华,一时虚度",实在是最没出息的人。

  行文至此,不禁成打油一首:

> 天公从来最公道,
> 流光何曾把人抛?
> 你若抛它它抛你,
> 理所当然莫混淆。

2004.01.12

求阙

大年初三,一位青年朋友来向我拜年。他曾是我的硕士研究生,现在一家新闻媒体当记者。近两年来,他工作得很出色,写了许多有影响的报道,受到各方面的赞扬和褒奖。学生干出了成绩,当导师的内心自然不胜欣喜。但是,我没有过多地流露,只是默默地听着他的叙述。

当他起身告辞时,我请他稍待片刻,走进书房给他写了一条只有两个字的横幅:"求阙"。

他接过字幅,看了半响,似有不解之色。于是我向他解释:"在古文中,'阙'与'缺'同义。现在你得到的已经很多,今后应该多在'缺'上下功夫了。"

他若有所悟地点点头,说:"我明白您的心意了。我一定把它裱起来,挂在办公室里,时时记住您的格言。"

我说:"这不是我的格言,而是我们老祖宗的格言。中国古代的哲人,是最懂盈亏、满阙的辩证关系的。"

我怎么会想起送给他这样两个字的呢？其中还有个故事。

去年，一位事业有成的年轻企业家来找我，要求为他写一个横幅，内容就是"求阙"两字。当时我感到很奇怪，像这样正在春风得意之时的年轻人，要我写的往往是"腾飞""高翔""海阔凭鱼跃，天空任鸟飞"之类的吉言、豪语，为什么他偏偏选择了"求阙"呢？难道他遇到了什么不如意的事情吗？

想不到我的疑问引出了他一番高论。他说："我并没有遇到什么不如意的事情，恰恰相反，现在正是一帆风顺的时候。但是，越是顺利，我越担忧。因为世界上的事情，总是祸福相倚、顺逆相随、圆缺相生的。苏东坡说得好：'人有悲欢离合，月有阴晴圆缺，此事古难全。'这是一条客观规律。我现在的顺境，很可能就潜伏着逆境甚至险境；现在的圆满，很可能就伴随着亏损。如果缺乏这种预见和思想准备，万一将来遇到意想不到的风浪，精神就先垮了。"

"其次，世界上任何事情，'圆'总是相对的，而'缺'却是绝对的。十全十美、完美无缺是不存在的。如果自以为已经做到了完美无缺，就会满足现状，不思进取。现在流行一句广告词：'追求零缺陷'，那完全是形而上学或者是骗人。怎么可能有'零缺陷'呢？既然已经'零缺陷'，还需要什么改革、创新、发展、进步？只有时时刻刻看到自己的'缺'，才有不断进取的愿望和动力。"

"再说，作为一个人的人生追求，我觉得应宁求缺，不求全；宁取不足，不取有余。现在也流行一种'享受人生'的说法，对年轻人很有诱惑力。可是人生的享受是无止境的，而能不能够获得所谓理想中的享受,则受各种条件制约。譬如有人有了单元房,就想要复式楼;有了复式楼,又想要小别墅;有了小别墅,又想要'豪门庄园'……求之不得,有的人就会想各种非法手段,去巧取豪夺,最后陷入不能自拔的深渊。分析一下有些腐败分子走过的道路,往往都是从过于追求'完美的人生享受'开始。这实在是很可怕的。"

"所以,我现在正在努力求阙。不过,真正做到这点并不容易,需要时时有人给提个醒。求您写这两个字,就是准备挂在墙上,当个座右铭……"

真想不到,这样一位年轻人对人生竟有如此感悟。于是我欣然为他命笔,给他,给自己,也给更多寄予厚望的青年朋友。

2004.02.07

李双江谈"拼文化"

这已经是将近四年前的事情:2000年"五一"劳动节假期内,中央电视台举办了七天《第九届"步步高"杯全国青年歌手电视大奖赛》。通过这次大奖赛,一方面涌现出许多优秀的青年歌手,令人欣喜;另一方面也暴露一些青年歌手的综合素质不高,闹了许多笑话,令人忧虑。

有感于这种状况,我写了一篇笔记:《青年歌手,请你理解》,希望青年歌手努力提高自己的综合素质,特别是文化修养。

这篇短文在2000年5月15日《新民晚报》"夜光杯"发表以后,反响不一。不少人赞同,也有不少人不以为然,认为"唱歌就是唱歌,跟文化知识有什么关系?别搞文化神秘主义!"后来,这种认识上的分歧扩展到其他领域,连中国书画要讲究"笔墨",讲究文化底蕴,也被视为远离时代的迂腐之见。我也闹糊涂了,怀疑是不是真的成了老朽。

事有凑巧,不久前看中央电视台的《朋友》节目,正好是解放军艺术学院的学生进行综合素质训练,许多音乐系的学员对主持人提的各种与音乐有关或无关的问题对答如流,表现出相当高的文化修养。这使我十分惊讶,后来听了音乐系主任、著名歌唱家李双江的介绍,才知道他们在两届青年歌手大奖赛中受到触动,这几年下决心加大综合素质训练的分量,把全面提高学员文学艺术修养作为重要的教学目标。现在,全体学员都做到能够熟背20余万字的综合素质教材。这真不简单呀!

使我最受感动的是,李双江说了这样一番话:"我们的学生如果没有全面的文化素养,充其量只能当一个歌手,成不了大家。我们搞音乐的,拼嗓子、拼技巧,拼来拼去,最后要拼的是文化。你长得再美,嗓子再亮,可是脑袋空空的,一头雾水,你就得不到观众的尊重。你长相差一点,技巧差一点,观众都能原谅,但是你如果没有起码的文化修养,观众就不能原谅,那就是最大的丢人——而我们丢不起这个人!"

听了李双江的快人快语,我很想了解他这番见解的由来。过完春节,便给他打了一个电话。他在电话里告诉我,现在教学非常紧张,因为青年歌手大奖赛又快开始。当然,不仅仅是为了参赛,主要是搞好"基础建设"。当他听完我提的问题,沉吟了一会儿,说:"其实道理很简单,不论干哪一行的,在这世界上总得做人吧,做人就不能丢人,总不能老停止在愚昧状态吧!我说拼这拼那,归根到底是拼文化;实际上,一个国家也是这样,拼经济,拼科技,拼到最后还是要拼文化。中国五千年历史,本身就是一部拼文化的历史。中国在历史上遭了那么多外来侵略,遭受那么多苦难,能够始终立于不败之地,还不是靠中华民族深厚的文化底蕴吗?……"

"我的文化修养也不高,说的也许不全面,你别见笑。"李双江爽朗地笑道,"等稍闲一点,咱们再好好聊聊,我请你吃饭!"

2004.02.17

邓颖超的"电话更正"

在纪念邓颖超诞辰100周年期间,读了不少追忆她高风亮节的文章,感人至深。其中特别使我感慨的,是人民日报《社内生活》刊登的一篇《事实就是事实——忆邓颖超的一次谈话》。

这篇文章的作者温宪,是上个世纪七十年代人民日报总编室机要秘书室的工作人员。1976年底,在周恩来逝世一周年前夕,人民日报将三篇悼念文章送邓颖超审阅。12月30日晚8时40分,邓颖超给报社机要秘书室打来电话,请值班人员向总编辑转告对这三篇稿子的意见,要求对稿子中某些不实之处加以修正。温宪作了详细记录,从内容看,邓颖超至少讲了半个小时。

邓颖超在谈对稿子的具体意见之前,首先谈了对"实事求是"的认识。她说:"我们回忆历史,一定要遵循主席关于实事求是的教导,要有严肃的态度,科学的态度。对于历史事实,最重要的是要确切,要完整,要弄清楚。不能只要前半截,不要后半截,不能自己编造。不能为了吸引人,就哗众取宠,弄得那么神秘似的,什么神奇呀,传奇呀,这都不是实事求是的态度。我们要悼念恩来同志,但不能从中捏造。历史就是历史,事实就是事实,不能胡说。"

邓颖超对三篇文章指出的不实之处,概括起来有六:一、讲她和周恩来一起去过三次大寨,实际上她只去过最后一次,前两次她都未去;二、讲西安事变期间,周恩来和蒋介石、张学良谈判时,蒋介石"抱头大哭",根本没有这回事;三、讲1945年重庆谈判时,李少石被国民党特务谋杀,事实早已查明,这属于意外事故,不是谋杀;四、讲1938年长沙大火,是国民党企图谋害周恩来,事实是国民党对日军进攻采取焦土政策,"谋害"之说是夸大;五、讲在红岩村时,周恩来、邓颖超经常和战士们一起浇水、种菜、浇粪,这是渲染夸大,实际上只是偶一为之,不是"经常";六、讲周恩来在重庆和毛主席"寸步不离",也起码是不科学,因为当时两人各有各的活动,不可能"寸步不离"。

如果按照现在的"标准"衡量,以上六点除二、三、四点属于比较重要的事实出入,其余三点都是细枝末节,无伤大体。可是邓颖超如此严肃对待,不但要求人民日报加以修正,还要求把"新华社的稿子也看一下",一致起来,"不能一个这样说,一个那样说"。老一辈中国共产党人这种实事求是的思想作风,不能不令人肃然起敬。

近些年来,有关伟人、名人的传记、回忆录、访谈录越出越多。从补充和丰富正史、"官史"之不足的角度看,这是件好事。但是看多之后,不免产生许多困惑。且不说对有些重大史实"一个这样说,一个那样说"的矛盾现象已经司空见惯,单说有些细节的描写,就好生叫人怀疑:有的作者和书中的主人公已经隔了几代,掌握的又都是第二手、第三手材料,居然能把几十年前的旧事、场景写得活灵活现,连主人公喝的什么茶、吃的什么菜、独自在房间里如何"仰天长叹""拍案而起","冥想"这个、"遐思"那个都写得具体而微,好似作者当年就在现场,实在是令人难以想象。至于完全子虚乌有的虚构就更不在话下了。

我曾就此问题请教党史权威逄先知:"这样下去怎么得了?"他苦笑道:"那就只能把历史都当作《三国演义》读了。"著名新闻记者爱泼斯坦曾气愤地告诉我:有人写了一篇《爱泼斯坦的爱情生活》,仅仅几千字中,虚构的情节竟达25处之多,甚至无中生有地说宋庆龄是爱泼斯坦的媒人,还亲自为他主持婚礼。造谣竟敢造到孙中山先生夫人头上,夫复何言!

今天,党中央号召大兴求真务实之风,对于历史人物传记、回忆录、访谈录中的"胡说"现象,是否也应该好好整治一番呢!否则,把重要历史事实都随意变成了《三国演义》,教后人如何相信我们,如何"以史为鉴"?

2004.02.26

假的多了真变假

8月22日上午,北京人民大会堂举行邓小平同志诞辰100周年纪念大会。我在乘车赴会途中,忽然看到在滚滚车流中,出现一辆红色私家车,车身披着一幅大红标语,上面写着8个大字:"小平同志,别来无恙!"

一瞬之间,我被震撼了。小平同志早已离开我们,怎么能用"别来无恙"的问候语呢?再转念一想,猛然醒悟:小平同志虽然已经去世七年多了,但他依旧活在我们心中。"别来无恙",和"小平您好"一样,饱含着人民对他无比深情的怀念!

开完大会,"别来无恙"一直萦绕在我心头。当天晚上,我抑制不住自己的激情,为《人民日报》写了一篇《小平同志,别来无恙!》。

文章发表后,颇得读者的好评,但也招来一些读者对文章真实性的怀疑:"这是真事吗?范敬宜怎么老有这种巧遇呢?"连一位辽宁的同行一见面也问:"这样的新闻你是怎么发现的?为什么没有见到其他记者报道?"

　　这样的怀疑,我已经碰到不止一次了。记得1998年第九届全国人民代表大会第一次会议期间,有一天开常委会,我记错了时间,误了班车,临时截了一辆出租车匆匆赴会。司机从我的胸卡上知道我是人大代表,便问我:"我有几个建议,您能不能带到会上反映反映?"我想报纸正需要来自会外群众的声音,便欣然同意。他就滔滔不绝地讲了对市政建设方面的三条意见,都比较中肯。我边听边记,当天晚上就赶写了一篇"两会漫笔":《"打的"赴会》,发表在第二天的《人民日报》上,在会上、会外都引起了一点反响。万没想到,问题来了:尽管我在稿子里把出租汽车司机的姓名、公司的名称、车号交代得清清楚楚,还是有读者表示怀疑,有的打电话给出租汽车公司查询核实,有的直截了当地问是不是我"导演""策划"的,把我弄得哭笑不得。

　　遇到这样的事情,我心里实在感到委屈。自问从事新闻工作五十多年,别的不敢说,对新闻事实的真实性向来是严谨的。这应当归功于开始做新闻工作时,东北日报、辽宁日报领导对记者报道真实性要求得特别严格。记得有一次由于时间紧迫,经主管领导同意,未到现场采访,只是作了间接采访,结果在细节上出了一个差错,不仅受到严肃批评,而且立即撤销"先进工作者"的称号。这个教训真是刻骨铭心,终身难忘,不敢稍有大意。再说,只要深入采访,生活中真实感人的情节从来都是满载而归,写都写不完,何需弄虚作假?

　　平心想想,现在读者对新闻报道真实性每每产生怀疑,并非没有来由。——虚假报道实在太多了！不但添枝加叶、合理想象、张冠李戴、任意炒作已经司空见惯，可以畅通无阻，连无中生有、全部失实都受不到惩罚，难怪看到完全真实的报道，反而引起怀疑了。这叫做：

假的多了真变假，

真的少了假成真。

这难道不是新闻工作真正的悲哀吗！

2004.09.13

话说"认不得了"

"哎呀,变化太大了,变得认不得了!"

不论是从外地到北京出差、旅游的人,还是从北京到外地出差、旅游的人,几乎都发出这样的感叹。

众口一词的"认不得了",生动地概括了祖国各地日新月异的变化。

但是,同一个"认不得了",在不同的人口中说出来,涵义却不尽相同。有的人说"认不得了",是盛赞那里城市建设发展之快,比如:高楼越来越密,马路越来越宽,设施越来越先进,等等。有的人说"认不得了",则是惋惜那里的城市面貌越来越趋同,失去了原来各自的特色和风韵,含有深深的憾意。

我则两种心情兼有,既为"认不得了"兴奋,又为"认不得了"惋惜。

拿我的故乡苏州来说,我的心情就是矛盾的。我生在苏州,长在上海,以前常把这两个城市拿来对比。总是嫌苏州太古老、太陈旧、太狭窄、太小家子气、太缺乏现代化气息,老嫌它的房屋破烂,河水肮脏,总想苏州哪年才能赶上现代化的上海。现在呢,她已经变成一座现代化城市,我又为很难找回孩提时代熟悉的"小桥、流水、人家"和"小楼一夜听春雨"的风韵而感到怅惘。对于国内其他城市的变化,心情也是如此。

　　人生就是这样矛盾。人的价值取向总是随着时代而变化的,正如北京一家粥店的一副对联所云:"艰苦岁月想吃肉,小康生活要喝粥。"时代已经进入与世界接轨的21世纪,人们渴望的是过上现代化的生活,住上具有现代化设备的楼房,开着最新款式的汽车在宽阔的马路上奔驰……当这一切要求得到满足之后,又开始怀念旧日的情调,埋怨当初拆迁得过于彻底,缺乏远见。纵然再复原一些旧貌,毕竟是些"假古董",唤不起思古之幽情了。

　　城市建设部门呢,也确有它的难处。鱼与熊掌不可兼得。在经济相对落后,而广大居民急迫要求改善居住条件的情况下,只能舍熊掌而取鱼,先解决燃眉之急。否则人民政府不能急人民之所急,岂不违背了党的根本宗旨?发展是硬道理,抓住机遇要紧,一时也顾不得许多,这完全可以理解和原谅。当然也不排除有追求政绩,急功近利以及其他成分,这不在本文讨论的范围。

　　但是,积累了十多年的经验教训,城市建设、包括旧城改造,确实到了可以也应该认真总结和反思的时候了。特别是在如何正确处理城市发展和保存原貌的关系、使用价值和观赏价值的问题上,需要认真借鉴一些国内外的成功经验。最近读到一本张光璘教授写的《季羡林先生》,其中"重返哥廷根"一章,读了很受启发。

季羡林先生早年留学德国,在哥廷根居住了十年,第二次世界大战以后回国。三十五年后(1980年11月)他率团访德,重访哥廷根。当时他以为经过了三十五年的岁月,那里的一切肯定都人非物非了,没有想到,一切都同三十五年前一样:"季羡林感到仿佛昨天才离开这里,今天又回来了。他走到地下室,到地下餐厅去吃饭,里面陈设如旧,座位如旧,灯光如旧,气氛如旧。连那年轻的服务员也似乎就是当年的那一位。他感到仿佛昨天才在这里吃过饭。"季羡林去重访当年住过的房子,房东虽早已离开人世,但房子还在,"那条熟悉的街道,依旧整洁如新。街拐角那一家食品商店仍然开着。"他走到旧址前"抬头向上看,看到三层楼他住过的那一间屋子的窗户,仍然同以前一样,摆满了红红绿绿的花草……"总之,季羡林在短短的逗留期间,看到了他一直盼望看到的一切,除了故人以外。这就极大地满足了他怀旧、念旧的情怀。

这就使人想到,人们对居住环境的要求,除了它的实用价值(舒适、宽敞、光线等等),还要有审美价值(包括对历史、文化氛围和怀旧心理的满足等等)。不久前,一位《光明日报》女记者从上海回来,打电话告诉我,上海的变化确实惊人,但她希望看到的茅盾《子夜》里描写过的上世纪三十年代的亭子间、石库门始终没有看到,只好怅怅而归。她问:如果把怀念中的和想象中的东西都抹掉了,对具有较高文化层次的旅游者还有多少吸引力呢?

其实，这个问题是可以回答的。许多发达国家在改造旧城方面积累的经验，已经足够我们借鉴——那就是让愿意住在保持原貌的建筑物里的人们，同样可以享受到现代化的物质文明。

2004.10.06

请为爷爷奶奶写点书

今年国庆节期间,胡锦涛总书记在走访北京社区干部时,特意和退休老人见面。除了祝愿他们健康长寿、发挥余热外,还语重心长地希望他们好好负起教育第三代的责任。

总书记的话虽然不多,许多当爷爷、奶奶、外公、外婆的老人听了都很感动。看完电视新闻第二天,我和徐惟诚同志(原中宣部常务副部长,现任大百科全书出版社总编辑)通电话。他说:"凭总书记这句话,说明他很了解今天中国老龄化社会正在到来所面临的问题。现在,上世纪九十年代以后出生的独生子女都成为学龄儿童、学龄少年了,而他们的父母正处在忙于工作、事业的阶段,许多家庭都把孩子放在老人身边。孩子们家庭教育的责任,大量落到了爷爷、奶奶、外公、外婆肩上。他们教育的效果如何,直接关系到整整一代人的健康成长。因此,我一直建议教育工作者、文化工作者为爷爷、奶奶们写一点书。据新闻出版总署统计,去年一年,为父母们写的书出版了数百种,而为爷爷、奶奶们写的书却一本也没有。这不能不说是一个很大的缺憾。"

听了徐惟诚同志的话,我心里一直在想:既然有了那么多为父母们写的书,为什么还有必要为爷爷、奶奶们写书?后来想明白了:一是从亲属关系来说,祖孙属于"隔代人",当爷爷奶奶的容易宠爱溺爱孙辈,既怕管不住、管不好,又怕管深了、管多了惹儿女不满意;二是时代发展、变化太快,老一代人在许多方面已经落后于形势,至少在三方面需要有一个重新学习的过程。

一是知识需要充电。虽说当今的"祖字辈"都有一定的知识,有的还是高级知识分子,但也不能不承认我们这一代人的知识已经逐渐老化,或者正在老化。对许多新事物懂得还不如孙辈。六年前我在全国人大时,有感于有些老同志(包括我自己在内)在审议法律草案时,对不少新事物、新名词不甚了了,曾经写过一篇《回家问问孙子》。现在不懂不会的东西就更多了。在孙辈面前,知识不如他们,说话就缺乏权威。

二是观念需要更新。随着对外开放的不断扩大,思想观念、社会风气发生了很大变化,老人们"看不惯"的事情越来越多,与孙辈形成很大反差。这种"看不惯",有些是正确的,也有些是由于我们头脑里的观念陈旧,未能与时俱进。因此,在教育孙辈应当如何树立正确的思想观念时,首先需要我们弄清楚自己的思想观念哪些是正确的,哪些是过时的。

三是方法需要改进。现在看来,简单化的、粗暴的训斥、说教和责罚不但越来越不管用,而且容易激化矛盾。当前比较普遍的问题是,一旦出现顶牛,就往往走向另一个极端,放任不管。所以,研究新的与孩子的交流方式而不仅仅是管教已经成为当务之急。在这方面,既要学习国内的成功经验,也可参考一些西方国家家庭的做法。据我所知,西方家庭对于未成年人的花钱、交友、约会、出游等等都有一套严格的规则和办法,很值得借鉴。

由此看来,针对老年人的特点和需要,为爷爷、奶奶、外公、外婆们编写一套"教材"不仅十分必要,而且肯定会受到欢迎。如果把国内外教育界有识之士的力量整合起来,此举不难成功,其社会效益相当可观,说不定还能成为畅销书呢。上海出版界、教育界向来在全国开风气之先,此事曷不一试?

2004.11.06

猫的喜剧

即使最富有想象力的人,恐怕也难以想出在欢迎国宾的庄重晚宴上,突然闯进一只猫,会是怎样一种情景。

我可真的遇到了这种场面,它已深深地印在我的记忆里。

1999年4月1日,李鹏委员长一行结束对希腊首都雅典的访问之后,来到了风景秀丽的克里特岛。这是一个很少人工雕琢痕迹的小岛,据说居民至今保留着许多古老的生活习惯,热情好客,粗犷俭朴。更为重要的是,它在第二次世界大战中,曾因英勇抵抗法西斯入侵而闻名于世。

这天晚上,克里特岛大区领导人以极其热烈、隆重的方式,为中国贵宾举行盛大的欢迎晚宴,宾主发表热情洋溢的祝酒词后,便是充满乡土气息的传统民间歌舞,很快把欢乐的气氛推向高潮。

就在这时候,一个意想不到的场面出现了:一只肥硕的黄猫,旁若无人地闯进了宴会大厅。它先在开阔地带好奇地东张西望,接着就钻到宾客座席下面,蹭蹭这个,嗅嗅那个。大厅里顿时出现一阵小小的骚动,有些胆小的女宾竟发出尖叫。那猫却毫不理会,后来干脆跑到主桌前面,在离主宾不远的地方坐下,大大方方地"洗"起脸来。

大厅里的侍者一时慌了手脚,急忙分头兜捕那个不知礼仪的家伙。可是谁能跑得过它!那位头发花白、穿着黑礼服的胖领班,急得汗流满面还是奈何它不得。

在这喜剧性插曲进行的过程中,人们的目光不约而同地投向主桌。有担心,有焦灼,有歉意。可是,李鹏委员长一直在和主人谈笑自若,似乎什么事情也没有发生,场内紧张的空气很快恢复了轻松。

趁着那胖领班过来给我换盘子的机会,我悄悄问他:"这猫是你们养的吗?"他摊开双手,耸耸肩膀,小声说:"不,它是一个无家可归的'孤儿'。两年多了,经常来参加宴会。先生,你喜欢它吗?"我点点头,他便显得很高兴地"啧啧"两声,那猫招之即来。领班从我的盘子里切下一片奶酪,塞进它的嘴里,爱怜地咕哝了一句:"小乖乖,别胡闹。""小乖乖"真就安安静静地趴在桌下品尝美味了。

宴会结束,宾主在欢快的乐曲声中步出大厅。那猫大概也知道时间已到,站起来伸伸懒腰,缓缓地尾随人群离场。看来,它对这样的生活已经非常习惯。

在回住处的路上,这件事情成了中国同志谈论的热点。有的说,如果这事发生在人民大会堂,将会怎么样;有的说,当时万一主宾流露出一丝不快,将会怎么样……不过,有一点感受是相同的:这出小小的喜剧,给隆重的晚宴增添了一种温馨的人情味。而喜剧能够有个完善的结尾,是因为人间有着宽容,有着纯朴。

  生活本该如此。多一分宽容,多一分纯朴,便多一些喜剧。

2004.11.07

安于当个"老头儿"

"打的"回家。当出租车在大院门口停下时,"的哥"扫了一眼周围环境,好奇地发问:"您,家住这儿?"

显然,他有点不相信眼前这个不修边幅的老人,会是这里的住户。

我冲他一笑。于是他若有所悟地点点头说道:

"噢,我明白了。您过去是个'头儿',现在是个'老头儿',对吧?"

一句话把我逗乐了。难怪人们常说北京的出租车司机个个都是"业余政治家",明察秋毫,一字增减,就把问题的要害点破了。

这几天,我一直在玩味这"头儿"和"老头儿"的微妙不同,越发赞叹中国语言的丰富幽默,这样的妙语,在外国语言中恐怕是很难找到的。

在中国人的语言习惯中,"老头儿"从来不算是尊称。记得在纪晓岚的传说中,有这样一个故事:有一年夏天,酷热难当,纪晓岚赤着膊在书房里编修《四库全书》,忽闻一声"皇上驾到",他来不及穿衣迎驾,情急之下,慌忙躲到桌子底下。过了好一会儿,不见动静,以为皇帝走了,便大声问道:"老头子走了吗?"不料皇上正悄悄坐在旁边翻看书稿,闻言大怒,当场命令纪晓岚从桌底爬出来,要他解释清楚"老头子"是什么意思。在这危急关头,大才子纪晓岚竟然有板有眼地奏道:老,寿者之谓也;头,至高无上之谓也;子,视万民如子之谓也。(大意如此)皇上虽知他在胡编,却也转怒为喜,赦了纪晓岚"大不敬"之罪。

尽管纪晓岚能言善辩,巧舌如簧,"老头子"(或曰"老头儿")毕竟不是中听的称谓。像穆青同志那样,在新华社被上上下下直呼为"老头儿",已成为一种尊称、爱称,则属于特例,另当别论。对于众多曾经当过"头儿"的人来说,一旦升为"老头儿",总是不免别有一番滋味在心头,甚至心有不甘的。

由于不习惯或不甘心当普通"老头儿",就容易生出各种奇特的心态。"问廉颇老矣,尚能饭否?"便是不甘心当"老头儿"心态的突出表现。于是,明明已经觉得力不从心了,还是喜欢听"宝刀不老",喜欢说"老骥伏枥,志在千里";明明已经不在其位了,还是忍不住对不该再干预、过问的事情过分"热心",从而凭空添出许多烦恼。学句时髦话,这恐怕也算是一种"老头儿综合征"吧!

从"头儿"到"老头儿",既是一种自然规律,也是人生的必然过程。作为一个饱经沧桑的、已经尽到了应尽的社会责任的"老头儿",应当顺应这种变化,习惯这种变化。像《诗经》里说的:"民亦劳止,汔可小休",好好地享受国家和社会给予的"小休"人生,安于当个"老头儿",甘于当个"老头儿"。这其实也是一种贡献。

写到这里,我打电话向国家新闻出版总署原署长、老朋友宋木文讲了自己的想法。他似乎颇为赞许地说:"我同意你的观点,再补充一句:当个健康的'老头儿',快乐的'老头儿',在条件允许的情况下,当个有所作为的'老头儿'。"

毕竟是老领导,想得比我更周全。

2004.12.25

岳阳楼记

庆历四年春，滕子京谪守巴陵郡。越明年，政通人和，百废具兴，乃重修岳阳楼，增其旧制，刻唐贤今人诗赋于其上。属予作文以记之。

予观夫巴陵胜状，在洞庭一湖。衔远山，吞长江，浩浩汤汤，横无际涯，朝晖夕阴，气象万千。

范敬宜书《岳阳楼记》

范敬宜临石涛山水册(1982年)

五年·百篇·四谢

年尾岁首,媒体流行起一个时髦词儿——"盘点"。什么"一年国际形势大盘点",什么"奥运辉煌大盘点"等等,大有取代"回首""回眸"之势。本人无产、无货,便在除夕之夜"盘点"起一年笔耕的收成,发现这一年居然还算是个"平年",其中"敬宜笔记"一项,到 2004 年 12 月 25 日,前后叠加正满 100 篇。这个数字,给已经跨进 74 岁门槛的自己一份意外的惊喜和欣慰。

"敬宜笔记"是 1999 年 3 月 25 日开栏的。当初完全没有在这块"阵地"上盘踞五年的思想准备。因为自知腹笥不丰,又不十分勤奋肖恒。虽说已从人民日报的岗位退下,社会活动却有增无减,各种事务、教务、债多(包括文字债、书画债、人情债)缠身,每天疲于应付,要想为一个专栏长期供稿,经常是"吃了上顿没下顿",难以为继。现在居然能够坚持下来,并非我有什么本事,而是因为有各方面外部条件的支撑。所以,"盘点"之后我首先想到的是,在动笔写 2005 年第一篇——也即第 101 篇"敬宜笔记"的时候，首先要由衷地表达内心的感谢。

一谢我们改革开放的时代。这个时代，不仅为我们提供了写不尽的写作题材，更重要的是为我们提供了宽松、和谐的写作环境。不论什么时候，不论走到哪里，我都感到：天涯无处无"芳草"，江河无处无"活鱼"。既不用担心"资源枯竭"，也不需担心"言多必失"。想想同样是为晚报写专栏，我的前辈人民日报总编辑邓拓同志，为一个"燕山夜话"，付出了何等惨重的代价；新民晚报社长林放同志，为一个"未晚谈"，又招来多少麻烦。我的才能、水平无法与他们相比，但遭际迥然不同。每念及此，怎能不感谢邓小平同志开辟的社会主义新时代！

二谢新民晚报领导的慷慨。晚报副刊的版面有限，在寸土寸金的版面上，让一个作者长期占一席之地，是要计算"成本"，考虑"平衡"的。我这五年100篇，以平均每篇1 200字计算，至少是12万字。这不是一个小数目。作为一个老报人，深知其中的难处，也深知其中包含的宽容。

三谢广大读者的鼓励。读者的鼓励是这个专栏能够坚持下来的重要动力。这五年中，难忘的事很多。有一位八十来岁的老人，偶然在飞机上与我的一个朋友邂逅，打听到我的住处，竟专程从上海飞到北京，目的只是为了见个面，要我在已出版的《敬宜笔记》一书上签个名。有一位青年读者，写来两封热情洋溢的信，说他在灯下读我的"笔记"，是他一天中最温馨的时刻，再三嘱咐我要保重身体。更有趣的是，一位老年读者读到我一篇谈现在理发师不会刮脸的文章，特地来信告诉我，上海有一名退休理发师，刮脸的技艺极佳,希望我回上海时一定要通知他,由他陪我去刮脸。每当看到案头那一叠叠充满友情的读者来信,倦意顿消,精神倍增。

四谢责任编辑的盛情。我很早就知道,"夜光杯"编辑部是一个敬业精神特强的群体,他们对读者、作者的热心负责,有口皆碑。一直和我联系的责任编辑贺小钢同志,对我的稿件不仅精心处理,而且每次收到去稿必有电覆,每次作品见报必寄样报。对于报纸编辑来说,给作者打电话组稿、寄报属于本身业务,似乎不足为奇,难得的是五年如一日地坚持这样做,实在太不容易了。凭这一点,我也不敢、不忍再偷懒。

常言说得好:情重不言谢。尽管可以不多言,还是应该用实际行动来回报社会,回报读者,回报为我付出无私奉献的朋友们。当然,人老了更需要多一点自知之明。不久前我写过一篇《甘于做个"老头儿"》,提出要做个"快乐的老头儿,健康的老头儿,有所作为的老头儿",事后收到一位福建的朋友来信,表示赞同我的观点,但又补充一句:"还要做一个不讨人嫌的老头儿"。此言极是。所以,我的"回报"应当加个前提:不要"回报"到"讨人嫌"的时候……

2005.01.25

京城餐韵

无意中发现,京城新建的大厦、酒店,越来越注重中国传统文化氛围的营造。这是一个值得欣喜的现象。

走进著名的保利大厦,迎面映入眼帘的是镶在大理石上的巨幅"石鼓文",气势恢宏,动人心魄。走廊里悬挂着清末民初任伯年画的四扇人物屏条,休息室里墙上是张大千的泼彩山水。虽然未辨真伪,却也引我驻足观赏良久。

万寿路上新开一家"寰岛博雅酒店",进门就见矗立着一座足有三层楼高的黑色大理石巨碑,上面镌刻着放大了的汉"张迁碑",蔚为壮观。我路过这里时,经常进去仰读一番。"张迁碑"是我国汉隶中的极品,朴茂凝重,每次读它,都有一种目迷神移之感,得到很大的艺术享受。

这种风尚,似乎正在传播到一些中低档的宾馆、饭店,甚至路边小店。我家附近,去年夏天开了一家粥店,门面不大,档次不高,却从早到晚,门庭若市。其原因之一,是店堂里一副自撰对联——"艰难岁月想吃肉,小康生活要喝粥"吸引了众多顾客。此事我在《人民日报》一篇短文中已经详述,不再重复。无独有偶,不久前在这家粥店附近,又开了一家名为"田师傅红烧肉"的饭店。由于"好吃、不贵",刚一开张,门前就排起长龙。顾客多为工薪阶层和学生。我在好奇心驱使下,进去看看,没有尝红烧肉的滋味,首先被墙上一篇《田师傅红烧肉赋》吸住了眼球。奇文共欣赏,我花了五分钟把此赋抄录下来:

  红烧肉者,其名甚俗,其源甚古。高人雅士,贩夫走卒,流品虽异,嗜好不殊。大江南北,长城内外,不爱红烧肉者无。东坡居士,余事烹肉,老饕一赋,名播千古。一代天骄,伟业宏图,百味杂陈,难免留箸。做红烧肉不难,居常家庭,土缶陶盆,差能应付。若夫志在美食,欲超凡俗,则需博采众长,锻炼功夫。难矣哉!为人师不难,《关雎》后妃,人云亦云,亦可充数;然必真才实学,庶几传道解惑,桃李三千,心香一炷,难矣!

  经营餐馆亦不难。饮羊登垄,鄙焉不取;不义富贵,于我云浮。不难在守己,甚难在忧道孤。道之所在,吾不孤矣!

尽管个别用典遣词稍嫌牵强,总体上不失为一篇亦庄亦谐、琅琅上口的文字,可惜不知出自谁人手笔。

前几天,又路过一家家常菜小饭店,这家实在过于简陋,不想逗留,但是墙上贴的一篇散文,引起我的好奇。当时未带纸笔,便

向服务员要了一张空白菜单,把它抄录下来:

> 家,是一个温馨的甜蜜的字眼儿。在家可以撒娇,可以打鼾,可以舒展筋骨,也可以培植起志趣,可以无拘无束尽享天伦,可以冲破时空的界限,去聆听儿时的笑声,可以观鱼赏花,自作佳肴,美化休闲的时光,也可以打点行装,充气加油,准备扬帆远航……

不知是自撰,还是抄来的,但把"家"与"家常菜"相连,也算是用心良苦。服务员见我既不点菜,也不吃饭,只是一个劲儿地抄,疑惑地上前问我:"先生,这写的有问题吗?"我连声否认:"不,不,写得很好。"

我和朋友们谈起这些见闻,有的笑我太书生气,说这不过是"商业包装"为了多赚钱;也有的说这是附庸风雅,不足为训。我想的是,搞商业开始懂得归根到底要"拼文化",应该说是个进步,至于"附庸风雅",总比"附庸低俗"要强得多。

2005.03.20

"艾培"还在期待……

中国人民的老朋友、杰出的国际新闻战士伊斯雷尔·爱泼斯坦,走过了九十年既辉煌又艰辛的风雨历程,匆匆而又安详地离开了他一生为之奋斗和眷恋的中国大地。

他的挚友马海德的儿子周幼马在电话中哽咽地告诉我:"艾培"(对爱泼斯坦的爱称)在临终昏迷中喃喃自语:"我想周恩来正在召唤我去见他……"

我对爱泼斯坦的离去是缺乏思想准备的。一个月前,也就是4月20日,在人民大会堂举行的庆祝爱泼斯坦九十岁生日的茶话会上,刚出院不久的爱泼斯坦还作了一个充满深情和哲理的答谢辞。为此,我写了一篇《广阔背景下的理性思考》,讲了四个"没有想到":没有想到他一句未提自己一生为中国作出的重要贡献;一句未提自己和中国三代领导人的亲密关系;一句未提自己在"文革"中蒙受的冤屈和磨难;一句未提人们庆祝他的生日是对他的感谢和褒奖。他只用平静而谦和的语言结束他的讲话:"就我个人来说，我更愿意把你们今天的热烈情绪看作是我的一个真正的新生命的开始，而不是对我过去历程的一个总结。"

可是，我万万没有想到，第五个"没有想到"会来得这么快，这么突然。

我认识爱泼斯坦是在1984年调到国家外文局之后，对他来说，我只能算是他的一个新朋友。二十多年来，他的一言一行都给我留下了深刻的印象，堪称良师益友。使我最难以忘怀的是他对中国的无比热爱，热爱到几乎不能容忍一点对中国的非议和诋毁。朋友们在一起经常说他"比中国人更爱中国"，"眼睛里容不得一粒沙子"。

正因为爱之深，他对有些问题也责之切。记得在1985年他80寿辰那天，他向前来祝寿的邓小平同志恳谈了半个小时关于中国对外宣传应该加强针对性、贴近性的意见，也对新闻报道中的弄虚作假现象提出了直率的批评。这些意见在第二天的《人民日报》上作了披露。几十年来，他对这两个问题始终未能释怀。

几年前，有一次在全国政协开会期间，他突然过来严肃地问我："你对新闻报道的虚假现象抱什么态度？你认为报告文学是否可以容许'合理想象'？"我说："我是反对'合理想象'的，但是现在新闻、文学、学术界对这个问题争议很大。"爱泼斯坦激动地说："这有什么可争议的！真实是新闻的生命，这是个原则问题，不是学术问题！如果新闻可以凭想象，将来还有谁相信我们的新闻！"我从未见过他如此动怒，便问他："发生了什么事情？"他告诉我，最近某报登载了一篇关于他和已故夫人邱茉莉的爱情生活的报道，其中有 16 处虚构，甚至说宋庆龄是他俩的媒人，还亲自出席了他俩的婚礼，这纯属捏造。造谣都造到国家领导人头上了，还有什么不敢干的！这就是容许'合理想象'的结果！我要向他们抗议，一定要他们更正！"

后来他真的这样做了，报纸也作了公开检讨。遗憾的是，从那以后，虚假新闻愈演愈烈，已成为一大社会公害。每年春节团拜会见到他，总会提起这个问题，他也只能无可奈何地耸耸肩膀，一声叹息。

现在，爱泼斯坦走了，人们都说艾培画了一个圆满的句号，可以无憾了。不过我想他还是带着一件未了的心事闭上他睿智的双眼的——他正在期待看到目前正在进行的新闻"打假"取得最后的成果。

2005.06.06

清华园的"孩子们"

"清华园,我永远是您的孩子,将来不论走到哪里,我都不会忘记是您的孩子……"

7月13日,清华大学新闻与传播学院应届毕业生毕业典礼的第二天,我接到一位毕业生的长信,深情地追忆四年中清华给她的终身难忘的熏陶。上面这段话是信的结尾。

读着这封感情真挚的信,我的眼睛不禁湿润了,尤其是"孩子"二字,令我怦然心动。

我受聘于清华大学新闻与传播学院已经三年。清华崇实的校风,严谨的学风,认真的作风,都给我留下了难以忘怀的印象。而最使我感到惊异的是,弥漫在整个校园中的那种浓浓的亲情。教师视学生如子女,学生视教师为父母。老师称学生为"孩子们"已成习惯,学生也有把他们喜爱的老师称为"妈妈"。这是一道很独特的风景线。我感到最自豪的是,经过三年的相处,学生们对我的称呼已逐渐由"院长""老师"改为"爷爷"或"范爷爷",即使在课堂上也是如此。我把这看作是对自己的"最高礼遇"。

因此,在今年学院毕业典礼上,我说了这样一段话:

"此时此刻,我对所有的毕业同学充满着一种期盼和依恋的复杂感情。我们的学院,不仅是一个传道、授业、解惑的场所,而且是一个温馨、和谐、充满亲情的大家庭。我们都把你们视为自己的孩子。今天,眼看着你们像梁启超先生说的那样:'乳虎啸谷,鹰隼试翼',真有说不尽的高兴。这种不是亲情胜似亲情的关系,正是我们学校能够不断发展的重要因素。我希望你们今后不论到哪里,都要把这种感情、这种校风带到哪里,为构建和谐社会贡献自己的力量……"

我讲这番话,是有一个背景的。几天之前,我收到一封不具名址,仅有 26 个字的来信:"院长先生:你把大学生看成孩子,恐难把新闻学院办好的!望三思!"我思了半天,才想起曾在《新民晚报》写过一篇《陪着孙辈一起长大》,把学生称为"孩子";还有就是不久前《人民日报》登过一篇记者李泓冰写的《从费孝通到清华学子李强》,里面有一句话:"在清华,聪明孩子多如过江之鲫"。那位读者究竟为什么对"孩子"这个称呼有如此尖锐的看法,我不清楚,不好妄加猜测,但有可能出于两点:一是对清华的环境和氛围不大了解;二是担心过于看重对学生的亲情会影响严格。这都完全可以理解。

其实,清华大学师生间的这种学生视教师为父母、教师视学生为子弟的亲情,不是始自今日,而是有悠久传统的,甚至可以追溯到梁启超、王国维、朱自清那一代。而在新时期,经过对"文革"

极左教育路线的拨乱反正，这种既传统又新型的师生关系正在发扬光大，"爱"与"严"的统一，构成了清华优秀人才不断涌现的源泉之一。

传统是不能割断的。如果我要列举中国历史上许多脍炙人口的师生之情的故事（比如明代民族英雄史可法与他的恩师左光斗情逾父子的故事——见方苞：《左忠毅公逸事》），人们可能讥为酸腐。那么看看西方又是如何吧！最近买到一本新出版的国学大师季羡林先生自述：《学海浮槎》，里面记叙了许多关于作者与他既严且慈的德国恩师 Sieg 情同骨肉的情节。下面一段感人至深：

"留在我回忆中最深刻难忘的情景，是在冬天的课后。冬天日短，黄昏早临，雪满长街，寂无一人。我一个人扶掖着这位像祖父般的恩师，小心翼翼地踏在雪地上，吱吱有声。我一直把他送到家，看他进了家门，然后再转身回我自己的家。此情此景，时来入梦，是我一生最幸福、最愉快的回忆之一。有此一段回忆，我就觉得此生不虚矣……"

多么令人神往！愿天下每一个"孩子"回顾一生时，都能拥有这样最幸福、最愉快的回忆。

2005.08.03

老上海的"市声"

从媒体上感觉到,一种对老上海的怀旧热正在黄浦江畔悄然兴起——人们对老房子、老地名、老街道、老店铺、老行业以至老上海话谈得津津有味,惹得我这个离开上海已达半个世纪的游子,也生出许多乡恋。

于是,我也想来"轧轧闹猛",说说尚未涉及的一个话题:老上海的"市声"。

"市声"是个文言词儿,现在已经很少使用,连新版《辞海》也未收录这个辞条。不过在生活中它依旧存在,普通话叫"叫卖"声,北京人叫"吆喝"声。记得当年在无锡国专沪校读书时,章太炎的弟子金德建老师曾给学生出过一道作文题,叫《"市声"说》,把我憋得不知从何下笔。所以对这个词儿印象特深,至今每听到市上的吆喝声,就会不由自主地想起当年的老师。

古今中外,东西南北,只要有商业交易行为,都必然有吆喝——市声。不过,老上海的市声有它的特殊性,因为上海是万国商埠,商业中心,五方杂处,各地商贩云集在此谋生,于是上海的市声形形色色,南腔北调,有本帮的,有苏帮的,有徽帮的,有宁波帮的,有广东帮的……组成一支支复杂多彩的"市声交响曲",回响在蛛网般的大街小巷。这是老上海"众生相"的一个重要侧面,一个生计艰难时代的侧影,很值得民俗学者去搜集和研究。

对儿童来说,最具吸引力的要数叫卖零食的吆喝声:

"香脆饼……苔条饼,麻油馓子……金刚脐,老虎脚爪……脆麻花!"大清早,贪睡的孩子就被这带有苏北口音和油香味的悠长吆喝唤醒,一骨碌爬出被窝,伸手向妈妈要点心钱。

"咸煎饼哪马拉糕、伦敦糕哪马蹄糕、蛋塌、鸡批、水晶虾饺……"典型的广东口音,对孩子们是更大的诱惑,但是因为价格较高,一般家庭不大敢问津。

下年三四点钟以后,特别是夏季,是市声此起彼伏的高潮:

"冰呃冰呃卖冰呃,机器冰呃卖冰呃!"

"啊……美女牌棒冰,棒冰吃哦棒冰!梆梆!"

"西瓜要哦西瓜?要哦老虎黄西瓜?"

"馄饨面哪,鲜虾馄饨!"

"臭豆腐干……"

"鸭膀鸭腿,鸭肫啊鸭肝!"

"酱萝卜干大头菜,盐金花菜芥辣菜……"

除了食品,还夹杂着"旧货啊,阿有烂东西卖哦?""磨剪刀哎——戗菜刀!""棕绷藤绷修哦?"

普通人家的孩子最欢迎的还是价廉物美的炒白果。那是时

令性食品,中秋前后,夕阳西下,弄堂里便响起一连串唱歌似的叫卖声:

"小手炉,热白果,香是香来糯是糯,要吃白果齐来数,勿吃白果长勿大(音 du)……"

于是一群孩子把挑子团团围住,你一个铜板他一分钱地"数"起白果来,手里没钱的孩子就站在旁边,等候偶然从铁锅里爆出一颗落在地上的"开花白果",有时就为抢一颗不花钱的白果打起架来。这时,好心的小贩就会出来劝架:"勿要打嘞,拨侬一粒!"得到这"一粒"的,就像中了头奖,破涕为笑。

今天的孩子,恐怕很难想象和体会这种市声带来的快乐了。

不过,留在童年脑海里的市声,并不都是期盼和欢乐。有两种女声叫卖直到今天回忆起来还是令人心颤。一种是春天早晨门外响起的幽幽的卖花声:"白兰花哎——茉莉花";一种是寒冬深夜里从远处传来似泣似诉的"白糖莲心粥……五香茶叶蛋……"听着这凄凉的颤音我幼小的心里常想:她家里一定有一个病重的丈夫和一群嗷嗷待哺的孩子等着她回家。等我长大有了钱,一定要把她的一锅粥和所有的茶叶蛋都买下来。

2005.09.01

季老的"书桌"

走进季羡林先生的病房,95 岁的"老爷子"依旧腰杆笔直地端坐在床边一张单人沙发上,神清气闲。在他的前面,是一张小小的"书桌"。

他向我颔首微笑,示意我在旁边的椅子上坐下,轻轻地说了一句:"你一年多没来了。"

"是的。不过您的气色明显比去年好。"

"真话吗?"他莞尔一笑,抬起双臂晃了晃说:"确实还不错。"

"新闻记者不能说假话,我说的是事实。"我说:"真没想到您还在写东西。前些日子温家宝总理来看望您,新闻报道说您正在写《泰山颂》,我还有点不敢相信呢!"

谈到温总理的探望,老人显得很兴奋:"温总理来看我,只带了一名随从,很平易,真是轻车简从,我特别高兴。"

季老说话的时候,我扫了一眼他面前的"书桌",原来是给病人就餐用的带轮子的小饭桌,长不满三尺,宽不到二尺,可供他写作的空间不过一尺左右。真难以想象,他近两年来的作品,包括最近在《新民晚报》发表的纪念诗人臧克家的文章,都是在这张"书桌"上完成的。

一直精心照料季老的李老师,可能看出我的心思,便向我介绍:"他写得很多,几乎每天都写,光是给《新民晚报》写的就有不少——他最关心的是《新民晚报》,每天都让我读给他听,认为它的编辑特别负责,报纸上很少发现错字。——不过我得限制他写稿,很多稿子都让我收藏起来了,没有给他寄出去,否则他会写得更来劲儿。好在他也不问。你可以问问他,是不是这样?"

季老静静地听着,露出无奈的表情。等李老师说完,他才说:"其实,写东西并不累。人老了需要多动动脑子。我是一直在和疾病斗,互有输赢。有时候它赢了我,我就歇几天;有时候我赢了它,它就让我写几天。"

我问季老:"您的眼睛能行吗?"

季老指着自己的双眼说:"这只右眼早就是青光眼,左眼是白内障,已经动过三次手术,视力只有0.2,不能再用了。现在看书、写字全靠这只青光眼。"

他似乎看出我有点黯然,宽慰地说:"除了眼睛,其他没有大问题。我的嗅觉一点不比年轻人差。你不是给我带来茶叶吗?我只要闻一闻,就能闻出它是不是好茶。"

我忙把茶叶罐递给他,正想剪开铝箔的包装,他连声说:"不用剪,不用剪,我在它外面闻闻就知道。"他捧起罐子连连嗅了几嗅,脸上露出灿烂的笑容,点头说:"是好茶,是好茶!"

2005.09.12

"敬宜愚兄,您好!"
—— 谈谈学校应教应用文

"敬宜愚兄:您好!"

这是一封读者来信的开头。请不要以为我在开玩笑或者凭空杜撰——此信就放在面前的书桌上,真名真姓真地址真职业——我纵有天大的想象力,也虚构不出这样的情节。

现在我拿这由头来做文章,丝毫没有嘲笑对方的意思。他来信要求我帮他办件小事,意思比较清楚,文字也还算通顺,问题是他好像没有受过写信的基本训练,不太懂写信称谓的用法,不知道"愚兄"只能是写信者本人的谦称,如果用到收信人身上,就等于骂对方是"笨蛋"了。

由此想到一个久已"骨鲠在喉"的话题——学校应该教点应用文,应该注重基础教育。

所谓应用文,是指适合日常实用的文字,书信是其中很重要的一项。即使在信息技术越来越现代化的今天,书信仍然是人际交流的重要手段和途径。过去,一般小学三年级语文课就开始教点应用文,包括书信和简单文书契约的写法。"孩子会写信了!"是值得父母高兴的事情。不过那时书信的格式比较刻板,称谓、抬头、落款、语气等等都有讲究,小孩子不太容易掌握。所以直到大学的中文系,还设有"书牍"这门课程,当然,那是更高的要求了。我在无锡国学专修学校读书时,就有一门必修课——"书牍学",后来还真派上一点用场,直到现在,用文言与港台人士通信,还不至太出洋相,回想起来应当感谢那位海上名儒高吹万的孙子高铮先生(他还是大同大学的化学教师)的严格训练。

随着时代的变化,书信的写法比过去自由许多,没有那么多复杂的程式束缚,应该说这是一种社会进步。但是,必要的格式和礼仪用语还是不可少的。即使在西方国家,书信格式仍然相当严格。特别重要的公务往来书信,除了要把意思表达清楚,还需要遵守一定的规范,讲究身份、用语、分寸等等。否则稍有失礼,便会误了大事。遗憾的是,现在学校好像都不教应用文这门课了。

由于工作关系,我几乎天天要和书信打交道,从中发现许多信件不仅不合书信的基本格式,甚至会闹出笑话,比如,在信封上写某某同志"敬收",信的抬头写某某同志"敬启",这就把写信人和收信人的关系错位了。最普遍的是在信的结尾来一个孤零零的"此致"。"此致"是应该有宾语的,如"敬礼"或某某单位、某某人等,没有宾语就等于只说了半句话。更有趣的是,有一次收到一位大学生的求职信,开头就是"范总编:见字如面",简直就是过去测字摊替农村老汉给儿子写家书的格式,叫人啼笑皆非。

书信本身就是一种文化。连信都不会写或写不好,无论如何称不上是有文化的人。因此,注重书信文化,应当是全面提高学生素质的题中应有之义,提倡学校教点应用文,恐怕并非多余或者苛求。

当然,话要说回来,书信并不完全是实用性的应用文。有些书信除了实用价值外,还有学术价值和审美价值。最近我正在读大文学家叶圣陶和俞平伯的通信集《暮年上娱》,其中八百多通遗札,可以说篇篇都是学识渊博、兴趣广泛、感情深笃、文笔优美的散文,读着使人获得一种精神的享受。至于《傅雷家书》则是又一种风格的上乘之作。在实现书信的实用价值之余,再多读一点这样的范文,那就再好不过了。

2005.11.25

范敬宜临石涛写唐人诗意册(1982年)

五载共舟情至深,骊歌一曲费难工。风裳雨盖相期久,剑气箫心吾岂共。鸣难有寡情胜,旦愧无佳绩。聊知音唯问一语,寄朋辈海阔天空任纵横。

戊寅三月离任时赋赠人民日报诸同志并贺人民日报创刊五十周年 范敬宜

范敬宜戊寅三月离任时,赋赠人民日报诸同志并贺人民日报创刊五十周年

说"清"道"浊"看世界

听说文怀沙先生不久前动了白内障手术。他已是96岁高龄,术后恢复情况如何,大家都很关心。于是我给他打了一个电话。

电话那端传来了熟悉的爽朗笑声。我问:"现在感觉如何?"他答曰:"痛苦极了!"我吃了一惊,急问其故,他的回答却是:"过去眼睛浑浊不清的时候,觉得满街都是美人,现在看得太清楚了,忽然发现个个都有缺陷,找不出一个真正的美人了。你说痛苦不痛苦?"

老人家生性诙谐,爱开玩笑,当时我只想他又在"老夫聊发少年狂"。过后,却越琢磨越感觉话中有深意存焉,似乎涉及一个哲学问题,即:如何看待"清"与"浊"。

清、浊是两个对立的概念。中国人自古把清、浊区分得十分严格,凡事都要讲个"泾渭分明"。大概两千多年前,就有了"沧浪之水清兮,可以濯我缨;沧浪之水浊兮,可以濯我足"的歌谣(见

《楚辞·渔父》），——连什么水可供洗冠带，什么水只供洗脚丫都含糊不得，更不用说对人的品评。人分出"清流"与"浊流"之后，便注定命运，不容混淆。"此辈自谓清流，宜投于黄河！"（见《旧五代史》）连自命清流的人都该扔到浊浪滚滚的黄河里去，遑论其他！

然而，世界是复杂的，人类社会更是复杂的。金无足赤，人无完人。万物之中绝对的"纯"是不存在的。即使最清纯的水里也有微生物，最纯粹的人身上也难免有污垢。黄河之水够浑浊了，却偏偏宜于生长繁殖鲜美的"黄河鲤鱼"；"下山孤且直"的瀑布肯定清澈，可它的潭下连小鱼都难以存活。所以，庄子是个明白人，早就发现了"水至清则无鱼，人至察则无徒"的秘密，告诉人们：如果用"至清"的标准、"至察"的眼睛去寻找完人，最后只能是天下无一可用之材。

说到这里，也许有的读者会提出质疑：按你这么说，是不是什么事情都不用讲原则，睁一眼闭一眼装糊涂呢？非也。这里强调的是"至清""至察"。"至"者，极端也。事情一极端就会走向反面。看人要重大节，看事要看主流，否则周围要么个个全是"美人"，要么个个都是"缺陷"。"以阶级斗争为纲"的年代最讲究"清"字，一会儿"清查"，一会儿"清理"，一会儿"大四清"，一会儿"小四清"，结果搞得"遍地是蚂蚁"，把清水统统搅浑了。这样的年代虽然已成历史，但是作为一种思维方式，追求"至清""至察"还是如影斯随，这是与构建社会主义和谐社会的要求很不合拍的。

构建和谐社会,十分重要的是人际关系的和谐,其中必不可少的是对人缺点的宽容,要多看人的长处和优点,远离苛求和挑剔。只有这样,才不至于陷于"非清即浊"的盲区。

谢谢文怀沙先生的"微言谈中",他实际上是给我们讲了一番人生哲理。至于我的理解和引申,则难免"跛足"。好在范仲淹还有两句名言可供补阙:"众人之浊我可清,千日之醉我可醒。"(《斗茶歌》)不过,做到这样的境界,实在太不容易。

2006.05.09

飞车追薯

从小就爱吃烘山芋,到老还是爱吃烘山芋。

烘山芋,是南方的叫法;北方叫烤白薯或烤地瓜。虽然名称不同,但是地无分南北,人无分长幼,位无分尊卑,都爱吃这种价廉物美的大众化食品,恐怕是不争的事实。

记得小时候在上海,烘山芋是大街小巷随处可以买到的。卖烘山芋的小贩,不用多少本钱,设备极其简单,只有一座用废汽油桶改装的土烤炉,一把三尺来长的铁火钳,一丛幽幽的炭火,不需吆喝,凭着弥漫在空气里的一缕缕透着焦味的甜香,便把各色各样的行人吸引到它周围。即使如贵族化的圣约翰大学,门前也一字儿排着好几个烘山芋摊,衣着入时的男女大学生,也宁可不去快餐店,而爱捧着几个烘山芋谈笑自若边走边吃。此情此景,至今还令人神往。

后来到了东北,到了北京,尽管风俗殊异,烘山芋还是到处可以买到的。特别是冬天,大衣袋里揣着几个烫手的烘山芋回家,便给妻儿带来一阵惊喜。这时候,回忆在圣约翰大学门前吃烘山芋的情景,往往成为不可缺少的话题。

可是,近几年来,大城市里卖烘山芋的越来越少,大街上已经几近绝迹,人们对烘山芋的怀念却越来越深。只是偶然参加宴会,席间端上一小盘烘山芋,便被众人视为珍馐,一抢而光。说实话,那种烘山芋的味道无法与小摊上的相比。

有时我也怀疑是不是自己地位变了,口味也变了,就像清代一篇小品《芋老人传》里讲的那样,一位士人在落魄时,曾受"芋老人"的一块烘山芋充饥,当时觉得世界上任何美味都无与伦比。等到他当上了大官,便四处寻访那位"芋老人",要他再给做一回烘山芋,结果大失所望,觉得味同嚼蜡。问其故,"芋老人"说了一番话,大意是:"我的烘山芋并没有变,是您的地位变了。"我向同桌们讲了这个故事,他们都不以为然,一致认为大宾馆里的烘山芋之所以没滋味,主要是因为从烤箱里烤出来的,同土法烤制的不一样,正如"橘逾淮则为枳"。我倒深然其说,因为积数十年之经验,知道凡是受普通老百姓欢迎的土色土香,一旦进入高堂华屋,一定会变味儿。

于是,从去年开始,我就经常在街头巷尾寻找从土烤炉里飘出来的烘山芋浓香,不幸都无功而返。直到不久前,有一天我又不死心,骑上自行车去寻访烤薯。无巧不成书,刚出院子,便见四辆驮着烤炉的自行车在马路上疾驰而过。我大喜过望,急忙撵上最近一辆自行车,招呼他停下。谁知为首一人高呼:"不行!不行!不能卖!前面有警察!"四辆自行车加快速度向前冲,好像犯了什么大案的逃犯。这倒引起我的记者好奇心,想"采访"个究竟,也穷追不舍,在马路上演出了一场"飞车追薯"。大约追出五六百米之后,那最后一个小伙子不知是出于对我这老头儿的同情,还是他自己也吃不消了,终于把车停下,一面东张西望,一面催我赶快付钱取货。趁着这个空隙,我问他为何如此慌张,为何不让卖烤薯,他气喘吁吁地用七个字作了"答记者问":"怕不好看(妨碍观瞻),不卫生(污染环境)!"说罢头也不回,扬长而去。

  我揣着三个热气腾腾的烘山芋,胜利而归。只是心里一直在嘀咕:这算是理由吗?城市里该治理的大事情多着哩,何必老跟那辛苦谋生的"小小老百姓""较劲"?

2006.07.05

"千年文书好合药"

"千年文书好合药",是一个想写已久的题目,因为童年时代就经常听母亲这样说。

此话出自何书何典,我从未查考,但意思是明白的:要珍爱看似无用的陈年宿纸。母亲本身就是一个忠实践行者,她生前十分注意保存前辈的墨迹,亲友的信札,子女的作业乃至各种已作废的文契、票证。这些别人眼中的废弃物,说不定哪天就派了用场,这时她就会很得意地说:"你看,这不是用上了吗!所以我总说:千年文书好合药嘛!"

可惜,这些"文书"在"文革"中损失殆尽,幸免于难的只有一小纸袋外公当年友人的信牍与唱和之作,袋子上写着:"寸缣尺楮,皆故人遗墨。"其中竟有十多位当年苏州名流如费仲深、汪鼎丞、陆守墨、杨戟门、潘承谋、蔡晋镛等人在天平山雅集上即席写的诗词。原来天平山是范仲淹的祖茔所在地,历代的"重点文物保护区",严禁开山采石和滥砍盗伐。清季,有些不法分子与官府勾结，大肆开采山石，从中渔利。我祖父范厚甫作为范氏义庄和文正书院主奉，联合一批苏州名流上书诉讼，历时数年，终于胜诉。为了庆祝胜利，他们于丁巳（1917年）秋天在天平山举行了这次"群贤毕至，少长咸集"的雅集。应该说，这是苏州历史上通过法律争取保护文化遗产和生态环境权利的创举，而那些名人诗词手迹，便成了很有意义的历史见证。上个世纪九十年代，我曾写过一篇文章提到此事。苏州市档案馆立即派人来借去复印，作为历史档案。经办此事的年轻朋友非常感慨地说："看了前辈这种强烈的保护历史遗产的意识，我们真感到惭愧。"

前些年，我在一次春节团拜会上见到费孝通先生，谈起这件事情，并提到其中出力最大的是费仲深前辈。在那次雅集上，他写的是一首数百字的古风，详述了事件的过程。费孝通听了非常惊喜，告诉我："费仲声是我的叔叔，你什么时候能拿来给我看看。"我答应了，却因生性疏懒，迟迟没有送去。不久费老逝世，此事便成为永远的遗憾。

最近，苏州天平山范仲淹纪念馆重建工程竣工，主其事者决定把这件文物的复印件公开展览。我想，这虽然算不上是"千年文书"，但能对"合药"起个"药引子"的作用，也是有点好处的。

今天突然又想起这个题目，是因为读了8月27日《北京青年报》的长篇通讯《协和医院病案上的岁月和仁心》，引起了一些联想。北京协和医院，不仅是中国、而且是国际驰名的医院。它创建于1921年，85年来，它救活了数以百万计的患者。令人惊讶的是，240万患者的病案原件竟至今完整无缺地保存着，其中包括梁启超、蒋介石、张学良、宋庆龄、宋美龄、爱新觉罗·溥仪等历史名人的病案。还有一些记载世界首例、中国首例、医院首例疑难重症病例及罕见病例的病例，为医学史提供了珍贵的资料。这真算得上是"千年文书好合药"的重要例证了。据报道，当人们从"协和病案展览"上看到当年张孝骞、林巧稚等医学大师亲笔写的详尽、准确而且字迹工整、秀丽的记录，内心受到强烈的震撼。

重视历史资料的保存和利用，不仅要求有强烈的保护意识、科学方法，更重要的是要有历史的责任感。自从有了电脑数据库，人们开始越来越不重视原始资料的保存。据说有的报社新建大楼以后，把几十年的报纸合订本全部处理掉，理由是"要查什么，电脑里都储存着，留它何用！"

这真是一种认识上的误区。如果电脑能够代替直观，世界上还要那么多博物馆、档案馆、图书馆干什么！

2006.09.13

一缕幽香入梦来

——贺"夜光杯"六十大寿

《新民晚报》的"夜光杯"副刊,从 1999 年 3 月 25 日开始,为我开辟"敬宜笔记"专栏,迄今为止,已经发表 110 篇。比起许多高产作者,110 篇实在算不了什么,但是对我这个缺乏恒心的人来说,也算得上是破了个人历史纪录。

是什么使我变得这样"勤快"起来?有些朋友调侃我说:"主要是你还没有过够'报瘾',从报坛退下来后总是手痒痒的,不写东西难受。"这话有一定道理,不过也不尽然。如果仅仅为满足自己的"写作欲",可以投稿的地方很多,何必只认准一个"夜光杯"!也有的说:"是不是'夜光杯'的编辑太热情负责,感动了你,使你欲罢不能?"也许有这个因素,而且我也确曾写过一篇赞扬的文章,但也不足以说明这就是激发我积极性的主要动力。

那么究竟为什么呢?想来想去似乎还有一个理由:我喜欢"夜光杯"这个"朋友"。

"报纸是人类最好的朋友。"这话是一位伟大的作家在一个世纪前说的。但同样是朋友,感觉是不完全一样的。古人对朋友交情的区别说过这样精辟的话:"有白头如新,有倾盖如故。"——有的朋友结交了一辈子,关系不错,但感情上还像初识;有的则虽擦肩而过,三言两语便成了莫逆。关键在于"气味"是否相投。作者与报纸的关系也是如此。

我之所以喜欢"夜光杯"这个朋友,主要是它不论在什么季节、什么气候,始终散发和保持着一缕淡淡的然而是醇厚的文化气息。一报在手,就如三五文友,晤言一室之内,评古论今;谈天说地,暂离了浮躁喧嚣,走近了清凉世界。套用一句王羲之的话:"信可乐也。"前年《新民晚报》改版,我曾经担心"夜光杯"会不会被"过度整容",改得"旧貌换新颜"。后来发现,改版以来"夜光杯"的面貌仍然是那么熟悉,那么亲切,心里的一块石头落了地。欣慰之余,不禁要感谢《新民晚报》的领导。

办好报纸副刊是件不容易的事。特别是在社会转型时期,报纸的改版创新已形成不可阻挡的潮流。副刊如何才能办得既让读者感到"面貌一新"又让读者觉得"一见如故",无疑是两难的选择。但我总想,任何事情都是"有不可不变者,亦有不可变者"。不合时宜的东西自然不可不变,而读者认同、熟悉、喜欢的东西却千万不要随便去变。"夜光杯"历经一个甲子而品牌不倒,就像一坛美酒,越陈越香,秘密恐怕就在执事者们懂得"新"与"故"的辩证关系。

信笔至今,成打油诗一首:

灯前读罢《夜光杯》，
一缕幽香入梦来，
办报恰如作佳酿，
"新""陈"都赖巧安排。

2006.10.19

听于丹,忆于廉

说起来很不好意思:平时看电视不大注意专题讲座之类的节目,所以当《论语心得》风靡全国的时候,我竟浑然不知。

直到今年12月8日,中国范仲淹研究会在京举行成立大会,我在休息室里听见冯其庸和范曾两位先生正在兴致勃勃地谈论《论语心得》一书的热销盛况——首次发行即售出90万册,创新书发行量的最高纪录;北京签名售书那天,竟有一万多读者排队等候等等——才吃了一惊,但也没有问作者姓甚名谁,是何方人氏。

过了一天,与冯其庸通电话,他又提到《论语心得》,不胜感慨地说:"想不到当年被当作'克己复礼'批倒批臭的《论语》,今天还有这么强的生命力,可见中国的文化传统是谁也割不断的。"

这时我才想起问他:《论语心得》的作者究竟是谁。

冯其庸惊讶地说:"怎么,你还不知道?是于丹呀,于廉的女儿!"

这回轮到我目瞪口呆了，于廉是我们老同学呀，怎么忘了他宝贝女儿的名字呢！真不敢相信，二十年前曾由她爸爸领着到寒舍串门的小女孩，今天成了万众倾倒的风云才女！

往事如潮，一时涌上心头。

1945 年，我 15 岁，考进了国学大师唐文治先生创办的无锡国学专修学校沪校。当时的同学年龄都比我大，有的长我十多岁，视我为小弟弟。其中出类拔萃的就有于廉、冯其庸、沈茹菘、曹道衡等。于廉不但才学出众，而且少年老成，谦恭沉稳，温厚可亲，是同学公认的楷模，对他敬如兄长。我当时还是个顽童，上课时经常做些小动作，不是给老师画个漫画，就是给同学传个字条，写首打油诗。有一次于廉给我写了一封洋洋洒洒的长信，劝我要收心读书，不要虚度光阴，有一句话令人至今不忘："流光容易把人抛，聪明易被聪明误。"我母亲看后非常赞赏，对我说："交朋友就应该交于廉这样的朋友——这叫'净友'。"

1948 年秋天，解放战争进入决战阶段，于廉和冯其庸都突然悄悄"失踪"，不知去向，直到上海解放后，才听说他俩都是地下党员，于廉还是无锡国专地下党组织的负责人。这才恍然大悟，他们当时是奉组织之命转移了。

后来，无锡国专停办，同学风流星散，天各一方，加上各人遭际不同，即使最亲密的同学，也如云泥相隔，不知不觉，三十来年不通音讯。上个世纪六十年代，从报纸上知道冯其庸已成为崭露头角的青年红学家，出了不少著作；于廉却仍杳如黄鹤。八十年代中期，我从东北调到北京工作，始与冯其庸重逢，才知道于廉也在北京，曾长期担任万里同志秘书，时下任中华书局副总经理。于是，就有了本文开头写的那个情节。那时，于丹大概只有十来岁。

如今，于廉已经作古多年，他没能看到于丹今天的成就和声望，如果地下有知，一定会既欣喜又遗憾的。我不了解于丹的成长过程，但我坚信其中一定倾注着她父亲的心血和深情。她在荧屏上沉稳坚毅、挥洒自如的神态，使我感觉到她血脉中流淌着父亲的智慧和品格。感觉到她一定有良好的家教、家风。我是相信基因的。

古人云："君子不匮，永锡尔类。"证之于廉父女，信然。

2006.12.31

"幸福家庭寿星多"

元旦上午,收到《中国老年》杂志社寄赠的一本老人《自我健康管理手册》。随手一翻正好翻到189页,一条用阿拉伯谚语做的标题吸引了我的注意:《幸福家庭寿星多》。这使我想起我的姨婆婆曾乐君老人今年该是110岁了,便往上海挂了一个长途电话,向这位上海著名的老寿星祝贺新年。

曾乐君老人是我母亲的七姨妈,我从小管她叫"七婆婆"。她是一位非常慈祥开朗的老太太,膝下十个儿女,个个健康、孝顺。五年前,她105岁生日那天,我曾打电话向她祝寿,她还从二楼走下来亲自接听电话,笑声朗朗,头脑灵敏,一点也不像已是百岁以上的老人。

这次接电话的是她的儿子章雷,他高兴地告诉我:"妈妈真是非常不简单,现在她是上海市级老寿星中的第三名,静安区的第一名,和前几年相比,唯一的变化是不能自己上下楼了——两年前摔了一跤,大腿粉碎性骨折,动了手术,钉了六根钉子,居然还康复了,真是奇迹,不过行动不太方便……"

我急忙说:"那就不要惊动她了,请你替我向她拜个年吧!"

章雷说:"不用不用,她喜欢接电话,让我把电话搬过去……"

一会儿,电话里就传来七婆婆的声音:"侬阿是敬宜啊,谢谢侬牵记我,我现在蛮好,勿要紧格。"这时电话里插进她儿媳妇的声音:"妈妈喜欢闹猛,喜欢有小辈和她说话,等一会儿让她给你唱歌,算算术,背唐诗,背《三字经》。"

儿媳妇起了个头,七婆婆就用《生日歌》的曲调唱起来:

"祝你新年快乐,祝你新年快乐,祝你新年快乐啊,祝你新年快乐……"

唱完歌,就开始做加法。她可以从 $1+1=2$ 累计加到 1600,没有任何差错,但加到十位我就"叫停"了。接着是婆媳俩一起背诗、背《三字经》,儿媳妇说上句,婆婆接下句:

"床前明月光,"

"疑是地上霜。"

"少壮不努力,"

"老大徒伤悲。"

"人之初,"

"性本善。"

"性相近,"

"习相远。"

"养不教,"

"父之过。"

"教不严,"

"师之惰。"

真是对答如流。因为怕累着老人,便停止了"测验"。最后我问她:"七婆婆,您究竟有什么长寿秘诀啊?"

她答:"呒没啥秘诀,就是小辈待我好。"

放下电话,我想应该把这个场景写给"夜光杯"。为了弄清"就是小辈待我好"的内涵,我又给章雷打了一个电话。

章雷说:"其实,我们并没有为她提供特别优越的生活条件,吃的、住的、用的都很平常,不过所有的子女和孙辈都非常爱她,想方设法让她过得开心,过得幸福。人老了,并不稀罕物质条件,但是最怕孤独、寂寞,希望总有小辈和她'瞎缠缠'(上海话,闲聊天的意思),所以作为她的长子,我退休以后,谢绝一切外单位的聘请,每天守在她身边,和她'瞎缠缠',让她时时刻刻感受到生活在幸福之中……"

话虽不多,也不深奥,但足够成为"幸福家庭寿星多"这句阿拉伯谚语的最好说明了。我想。

2007.01.17

寒鸦万点入城来

近几年来,许多城市乌鸦为患,北京也在其中。年年入冬以后,每到黄昏时分,便有寒鸦万点,铺天盖地侵入市区,觅枝找宿;次晨又风雨无阻,成群结队,远走高飞,不知去向。

不久以前,上海《新民晚报》作了相应报道,并特别提到北京万寿路一带为害最烈,属于"重灾区"。我家就在万寿路,自然不胜滋扰。那乌鸦来时,聒噪贯耳,粪便纷堕,过往行人躲避不及,往往就中"头彩",有的只好头顶报纸,身披塑料布,狼狈逃窜。乌鸦去后,街道留下一层如雪粪迹,不仅城管工人天天忙于清扫、冲刷,有时连附近驻军官兵也不得不参加这份特殊的义务劳动。此情此景,总要延续到来年春暖花开之后。

乌鸦,虽然历来在民间视为不祥之物,但据说也属益鸟,因其有反哺的习性,还被称为"慈乌"。尤其在诗人、画家笔下,它也是抒情写景不可缺少的点缀。"月明星稀,乌鹊南飞,绕树三匝,何枝可依",此非曹孟德之诗乎?"月落乌啼霜满天,江枫渔火对愁眠",此非传诵于古甚至远播东瀛的张继《枫桥夜泊》乎?至于"鸭头春水绿,鸦背夕阳红","斜阳外,寒鸦万点,流水绕孤村","照日深红暖见鱼,连村暗绿晚藏乌","枯藤老树昏鸦,小桥流水人家"等等,更是家喻户晓,脍炙人口,似乎缺了乌鸦就意境全失,兴味索然。现在,身受鸦灾之苦的人,谁还有这份欣赏的雅兴?

乌鸦大举入城究竟是什么原因?其说不一。有的说是近年城市人口和建筑物骤增,温度上升,给乌鸦提供了避寒的环境。有的说是由于郊区农田和森林面积减少,乌鸦们缺少觅食和栖息的场所。至于如何治理,有人主张用飞机喷药,有人主张在树上挂灯,还有人主张燃放鞭炮等等,总之都想让乌鸦不得安宁。但至今未见实行,想来都非治本之计。其实,替乌鸦们想想也怪可怜的。

我不是科学家,对这样的问题没有一点发言权。不过我想总是和气候、物候的变化有关系。联系近几年来地球气温变暖,某些物种消失,生态环境恶化,乌鸦习性的反常恐怕决非偶然,而且还有变本加厉的可能。它们的大规模迁徙入城只是一个信号。

记得上个世纪五十年代,曾经看过一部名叫《二十四只眼睛》的日本电影,描写的是战争给日本儿童带来的苦难。那支《乌鸦乌鸦你不要哭》的电影插曲,忧伤低回,令人揪心,至今难以忘怀。如今听着满街的"乌夜啼",常生遐想:不知它们是在为自己的命运哭泣,还是在为大自然的未来哭泣。

可敬的科学家们,请好好研究研究这个重大课题,并早图良策吧!——为了乌鸦的生存,更为了人类的家园!

2007.02.09

红绿灯前说"习惯"

3月23日晚上,中央电视台《新闻联播》播出一条新闻,报道上海志愿者协助交通部门维持交通秩序的成果。这当然是件好事。但是,当记者采访行人对此有什么感想时,一位中年妇女的回答却叫我好生纳闷。她说:"经过一年多的宣传活动,人们已经习惯了'红灯停、绿灯行'……"

"红灯停、绿灯行",应该是四五岁的孩子都懂得的规矩,为什么一个成年人到今天才开始"习惯",而且是因为经过了志愿者一年多的宣传?难道他们从来没有受过这方面的教育吗?

我是1938年八岁时随家从苏州迁居上海的。那时苏州街上还没有红绿灯,所以到上海的第一天,姑母就领我到马路上去见识红绿灯,告诫我一定要遵守交通规则,千万不能闯红灯;闯红灯不但有危险,而且是不文明行为。这番告诫,使我终身不忘,从不违反。而且,那时候上海马路上的行人也很少有闯红灯的,大环境对自己就是一种无形的约束。

不过,我也犯过一次规。上世纪八十年代我曾出访美国,住在纽约一家旅馆。一次深夜回旅馆时,看看马路两头一辆行驶的汽车也没有,便忘了注意看红绿灯,想径直穿过马路,不料刚迈出一步,便被后面一位陌生的美国年轻人叫住,向我示意前面是红灯,一下子把我闹了个大红脸。幸亏那是晚上,没有让他看到我的窘态。

从此以后,我没有再闯过红灯。

"红灯停,绿灯行"虽属"小儿科",却和一切好习惯一样,必须从儿童时代养成,尤其重要的是父母潜移默化的言传身教和幼儿园的熏陶。而现在,这两方面都显得相当缺失和下滑。

有一次,我在"麦当劳"排队买食品,后面来了一位服饰华丽的女子,带着一个五六岁的男孩,她等了不到一分钟就不耐烦了,让那孩子上前"夹塞"。孩子似乎还比妈妈多点教养,到了窗口频频回首,若有难色。那当妈的勃然大怒,大声喝道:"瞧你那熊样儿,将来跟你爸一样,也是个窝囊废!"说罢,在众目睽睽下抢步上前,把孩子拉开亲自"示范"。奇怪的是周围那么多顾客竟视若无睹,不置一辞,不知是怕惹是非,还是也已经"习惯"了。

写到这里,忽然又想起几年前在《读者》杂志上看到的一则故事:1987年,75位诺贝尔奖金得主在巴黎聚会,记者问其中一位老科学家:您在哪一所学校学到了你认为最重要的东西?那位老科学家不假思索地回答:"幼儿园!"又问:你在幼儿园学到了什么?他回答:"第一是自己的东西要分给小伙伴;第二是不属自己的东西不要拿;第三是东西要放整齐;第四是吃饭前要洗手;第五是做错了事情要认错;第六是午饭以后要休息;第七是要仔细观察大自然。"他说,"这些知识就是影响了我一生的最重要的东西"。

  老科学家的话说得真好,也真深刻。不过我有点奇怪,为什么没有第八条:"走路要红灯停、绿灯行"？——也许因为这一条在进幼儿园之前就已经"习惯"了吧！

2007.03.30

一曲催眠忆儿时

上了年纪,觉就少了。过去总是一夜睡到天亮,现在经常会半夜醒来。辗转反侧之际,就会想起儿时听过的各种催眠歌曲。说来奇怪,七十多年了,许多往事已经忘得干干净净,不知为什么这些催眠的歌词和旋律,至今还记得清清楚楚。

弟弟疲倦了,眼睛小,
眼睛小,要睡觉
妈妈坐在摇篮边,
把摇篮摇。
噢噢我的小宝宝,
安安稳稳去睡觉。
今天睡得好,
明天起来早,
花园里面采葡萄。

这是母亲唱的摇篮曲。她是女子师范的早期毕业生,这样新派的歌曲,想来是学校里教的。温婉、轻柔的歌声,一次次地把我带入甜蜜的梦乡,成为终身难忘的记忆。

我儿时多病,多次进上海妇孺医院住院。病房里都是幼儿,晚上不肯好好睡觉。熄灯以后,孩子们还在唧唧喳喳。那位年轻的女护士从不呵斥,总是一边走一边唱:

> 风啊,你要轻轻地吹,
> 鸟啊,你要低低地叫,
> 我家小宝宝,
> 就要睡着了。
> 宝宝的眼睛像爸爸,
> 宝宝的眉毛像妈妈,
> 宝宝的鼻子呢,
> 又像爸来又像妈……

唱到这里,孩子们都格格笑个不停,一边摸摸自己的鼻子、眉毛,一边闭上眼睛。等到病房里安静下来了,女护士才踮着脚,悄悄地离开。

我的祖母是乡下人,没有受过新式教育,但另有一套哄孩子睡觉的办法。当我不肯好好睡觉的时候,她就把我抱在膝上,一边颠着一边用地道的吴侬软语唱着:

> 哐铃哐铃马来哉,

隔壁大姐转来哉!

啥个小菜?

茭白炒虾,

田鸡踏杀老鸦。

老鸦告状,

告拨(给)和尚,

和尚念经,

念拨观音;

观音扫地,

扫着一只乌龟(音居);

乌龟放屁,

熏杀隔壁老土地!

把完全不相干的事情凑在一起,虽无逻辑关系,却能叫人捧腹大笑。

1950年,民间文学大师赵景深先生曾到圣约翰大学做讲座,讲到苏州民间儿歌,还模仿苏州口音嗲声嗲气地说了一段"苏州有座宝带桥,桥上有个嫂嫂,嫂嫂手里抱个宝宝,宝宝要想吃糕糕"的顺口溜,把大学生们逗得前仰后合。散会时我上前给他讲了"哐铃哐铃马来哉"的儿歌,他大感兴趣,并说如果能把各地民间的催眠歌曲搜集起来,倒是一个很值得研究的课题。因为催眠曲是一种对幼儿最早的启蒙教育,不仅可以益智,更重要的是可以时时唤起对童年的回忆和对亲情的眷恋,常温旧梦,把一片温馨永远保留在心头,远离丑恶,实际上是另一种"爱的教育"。

2007.5.11

他们为何想读《文心雕龙》?

这个学期,我在清华大学新闻与传播学院讲授《高级新闻评论》课。学期接近尾声,正在考虑最后讲点什么作为结束,助教意外地给我开来一份古文篇目,说是同学们希望再给"补充点营养"。我接过一看,感到非常意外:

刘勰《文心雕龙》"神思"篇;

陆机《文赋》;

王勃《滕王阁序》;

柳河东《封建论》;

苏轼前后《赤壁赋》;

方苞《狱中杂记》;

梁启超《少年中国说》。

当时我很奇怪:学生怎么会对这样深奥难懂的古文产生兴趣?特别是《文心雕龙》和《文赋》。助教回答:"老师您不是常说,光吃浓缩'维生素丸',不吃五谷杂粮、蔬菜鱼肉,会得营养不良症;就新闻讲新闻,就新闻学新闻,必然成就有限吗?"

我听了一则以喜,一则以忧。喜的是学生居然认同我的想法,忧的是像《文心雕龙》《文赋》这样比较深奥的古文,我还是五十多年前读的,能讲好吗?万一学生听得打瞌睡,岂不大煞风景?

但是,话已收不回来,只好先把尘封已久的《文心雕龙》和有关参考书找出来,闭门备了两天课,勉力上阵。没有想到,磕磕绊绊地讲了三节课,竟然还博得一阵掌声。

这些日子,我一直在思考:为什么二十一世纪的大学生,竟然能对《文心雕龙》等古典作品产生如此浓厚的兴趣?想来想去,答案只有一个字:他们太"渴"了!

设身处地替同学们想想,他们确实是太"渴"了。从小学、中学到大学,他们才读过多少古今中外的名篇名著?特别是中国的经典名篇,翻来覆去,留在记忆中的恐怕只有《岳阳楼记》《捕蛇者说》《师说》等那有数的几篇文章。在把一切名著当作"糟粕"来批判的年代,那是无可奈何的事情。现在,时代不同了,思想解放了,视野开阔了,学生不再满足于"老几篇",渴望从浩瀚无涯的学海中获取更丰富的营养,来充实自己,强壮自己,就不仅是个人的需求,而且是时代的必然。

从我五十多年的新闻生涯中,我深感丰厚的学养对于新闻工作者来说,实在是太重要了。文化的缺失,是当前媒体浮躁之风的重要根源之一。不了解真正的精华,自然安于平庸,安于肤浅,安于不足。当了记者,何以做到"登山则情满于山,观海则意溢于海","意授于思,言授于意"?

好在现在这一代青年学子,开始从文化的断层中觉醒。这几年在清华任教,有几件事情使我感触良多:

一件是一位同学,连续两个暑假没有回家,在宿舍里通读完了《史记》和《资治通鉴》;

一件是一位同学给我写信:"请老师多给我们一些文史知识吧!四年的大学生活,留给我们的不应该只是郁郁葱葱的校园和令人羡慕的学习条件……"

一件是一位同学在作业上写道:"请老师不要低估年轻一代的选择能力和判断能力。"

而这一次直截了当地给我开出书目,要求讲一点《文心雕龙》,则更使我震撼……

2007.7.23

"文""白"之争情未了

提倡白话文,是"五四"运动的一大功绩。经过将近一个世纪的推广、实践和发展,白话文已经成为我国文字的主流。这是历史发展的必然。

但是,作为一种文化现象,文言的魅力并未完全消失,特别是改革开放以后,随着古代典籍广泛进入人们的视野,对文言的兴趣似乎正在悄悄升温。这从近年来报章杂志经常出现用文言写的诗赋、散文、小品,可以看到一点端倪。

不久之前,在《解放日报》举办的"文化讲坛"上,章含之女士讲了一则她父亲章士钊早年与胡适之间的趣闻。章士钊是著名的古文家,而胡适是倡导白话文的先驱。在学术上,他俩可以说是冰炭不相容的"对头",但在私谊上却是朋友。为了证明各自的观点,两人分别用文言和白话翻译了一首英国诗人的爱情诗。平心而论,章译比胡译更为典雅、蕴藉,韵味更接近原作。我这看法,绝非厚章薄胡,只是想说明,不同的文体具有不同的功能。文言文绝写不出气势磅礴的《将革命进行到底》；白话文也绝写不成意蕴无穷的《岳阳楼记》。

比如，在世界各民族的礼仪性文字中，都非常讲究"雅语""敬语"的运用，中国尤为突出、丰富。中国之所以被称为"礼仪之邦"，这恐怕也是原因之一。而现在，已经很不讲究了，不论对象、场合，都是"以尔汝相称"有时令人尴尬。也许这是因为白话文尚处在一种发育的阶段吧！

前些日子，江苏泰州有关部门的领导，专程来京，约请我为重修的望海楼写一篇题记作为"照壁"，而且要求用文言文体，因为他们认为这样一座古色古香的建筑，需要有比白话文更为庄重、典雅的文字与之匹配。我于此道荒废已久，但盛情难却，只好勉力从命，写了一篇不到六百字的《重修望海楼记》。此文在9月4日《人民日报》副刊发表后，褒扬者有之，不解者也有之。一位颇有水平的杂志编辑，也在电话里坦言："看不懂什么意思。"我说："我写的并不古奥呀，怎么会看不懂？"对方曰："真的看不懂。"

我真的有些惶惑了：究竟是怎么回事呢？像这样浅显的文言，过去初中学生也应该能看得懂的，那么，到底是当前语文教学的问题，还是我在"逆时代潮流而动"？愿闻教于有道。

附：《重修望海楼记》

泰州，汉唐古郡，襟江负海，壤沃物阜，人杰地灵。其东南有楼，名曰望海，始建于宋，为一郡之大观。历代名贤，多唱和于此。

先祖范文正公曾为泰州西溪盐官，而滕子京为泰州海陵从事，尝相与登楼，把酒赋诗，公有"君子不独乐"等句，其"先忧后乐"之意，亦已呼之欲出。再历二十余载，乃有《岳阳楼记》问世，发浩音于宇内，振遗响于百代。故《泰志》称斯楼为"吾邑之文运命脉"，洵非虚语。元明以降，兵连祸结，斯楼屡建屡毁，不胜其叹。岂楼之兴废，或亦有关国运之盛衰乎？

今逢盛世，遂有重修望海楼之举。公历二〇〇七年秋，巍然一楼飞峙泰州凤城河之滨，上接重霄，下临无地，飞阁流丹，崇阶砌玉，其势可与黄鹤楼、滕王阁媲美，允称江淮第一楼。望海楼之再兴，岂独泰州一邑"文运命脉"之象征哉！

予登乎望海一楼，凭栏远瞩，悄然而思：古之海天，已非今之目力所及；而望海之情，古今一也。望其澎湃奔腾之势，则感世界潮流之变，而思何以应之；望其浩瀚广袤之状，则感孕育万物之德，而思何以敬之；望其吸纳百川之广，则感有容乃大之量，而思何以效之；望其神秘莫测之深，则感宇宙无尽之藏，而思何以宝之；望其波澜不惊之静，则感一碧万顷之美，而思何以致之；望其咆哮震怒之威，则感裂岸决堤之险，而思何以安之。嗟夫，望海之旨大矣，愿世之登临凭眺者，于浮想之余，有思重建斯楼之义。是为记。

2007.09.15

附录

(刊于人民日报)

爱琴海凭眺

希腊,是一首唱不完的史诗,一部读不尽的通鉴。

不论来自何方何国,只要登临经历了 2400 多年沧桑的苏纽海神庙废墟,极目远眺烟波浩渺的爱琴海域,都会思潮涌动,产生无穷的历史感喟。

世纪之交的 1999 年 3 月 30 日,李鹏委员长首访希腊。31 日上午,李鹏委员长去拜会希腊总统和总理,部分陪同人员借此空暇的机会,怀着对英雄的古希腊人的崇敬心情,专程到雅典东南 67 公里处去凭吊这座举世闻名的历史遗迹。

每年都要吸引 1000 多万各国旅游者的海神庙,其实只是海边一座荒山顶上 15 根高耸云表的大理石巨柱。它的魅力全在于围绕着它演绎、变幻的无数哀婉动人的历史传说和震撼人心的历史风云。

我们来到这里的那天,正是希腊一年中最好的天气。阳光穿过厚厚的云层,照射在像她名字一样温柔安详的爱琴海面。海鸥翔集,波澜不惊,天地间静极了。披襟当风,沉思着20多个世纪以来这里发生过的一切,很自然地想起英国大诗人拜伦当年在此写下的那首名诗:

  希腊啊!你本是平和时代的爱娇,你本是战争时代的天骄。撒芷波,歌声高,女诗人,热情好。更有那德罗士、菲波士荣光常照。此地是艺文旧垒,技术中潮。祇今在否?算除却太阳光线,万般没了。

  马拉顿前啊!山容缥缈。马拉顿后啊!海门环绕。如此好山河,也应有自由回照。我向那波斯军墓门凭眺。难道我为奴为隶,今生便了?不信我为奴为隶,今生便了。

拜伦的诗是由我国近代大文豪梁启超翻译的,译笔流畅,热情澎湃。50多年前,当笔者从吕思勉《中国通史》初次读到它时,联想到当时中国正和拜伦笔下的希腊一样,遭遇着相似的任人宰割的命运,不禁怆然涕下。半个多世纪过去了,世界发生了翻天覆地的变化。中国人民在中国共产党领导下站起来了,彻底改变了自己的命运;希腊人民也由奴变主,走向繁荣富强。徜徉于海神庙下的人们,念天地之悠悠,不仅是发思古之幽情,更多的是为人民的胜利而由衷欢呼。

然而,世界并不太平。就在我们欣赏着爱琴海的美妙景色之时,巴尔干半岛上空战云密布,北约正在力图把希腊的近邻南斯拉夫人民推向战争深渊,重演历史悲剧。尽管这里的空气还那么清爽,海风还那么轻柔,我们似乎已隐约闻到刺鼻的硝烟味,听到难民的号哭声。因此,当李鹏委员长在这里义正词严地重申中国政府和中国人民的原则立场,坚决反对北约向科索沃和南斯拉夫其他地区实行空中打击,深切同情和支持南斯拉夫人民的正义斗争,并向希腊人民挺身而出、主持正义的大无畏精神表示钦佩和敬意时,总是激起那么热烈的掌声。

历史可能重演,但历史决不会重复。因为时代不同了,获得了自由的民族已经敢于大声向强权政治说"不"!一位希腊朋友告诉我们:每年10月28日,是希腊的"不字节"。这个奇特节日的来历是,第二次世界大战期间,德国法西斯曾在1942年的这一天,向希腊政府提出取道希腊进军阿尔巴尼亚,可是得到的回答是铁铮铮的"不"!这使得德军不得不改变原来长驱直入的计划。从此,这个足以使希腊人民引为自豪的事件,载入希腊史册,并以法定节日固定下来,以志永世不忘。这个故事令人感动,也令人深思。几千年的历史证明,任何强权势力,最终都奈何不得敢于说"不"字的民族。爱琴海畔那15根象征希腊人民脊梁的擎天柱,不就是最好的历史见证吗?

"到海得清无?"

北宋名臣范仲淹善文,一句"先天下之忧而忧,后天下之乐而乐"传诵千古;但是范仲淹还善诗,则知者不多。其实范仲淹的诗不但写得好,而且写得多,收入宋刻《范文正公集》的诗赋就有268篇(首),其中多为警世之作。

最近重读范诗,对其中一首《瀑布》吟诵再三,生发许多感叹。全诗如下:

> 迥与众流异,发源高更孤,
> 下山犹直在,到海得清无?
> 势斗蛟龙恶,声吹雨雹粗,
> 晚来云一色,诗句自成图。

八句之中,前四句是重点。大意是:迥然不同于寻常溪流的瀑布,从高山之巅直泻而下的时候,是何等气势,何等清直,可是经过千回百转,流入大海时,不知是否还能保持自己的清纯不污?

此诗在文集中未注明写作年月,据近人考证,作于范仲淹初入仕途之时。胸怀大志的范仲淹,面临人生道路的重大转折,首先想到的是今后的一生中如何永保清正廉洁,当个清官、好官,而不变坏。"到海得清无?"是他托物寄情,向自己发出的"预警"。值得钦佩的是,他用一生的实践对这个问题作出了圆满的回答。

　　古今中外的文学家,都喜欢把人生比作"生命的河流"。"河流"的特点是:漫长、曲折、流动、多变。在它行进的过程中,不但会遇到峭壁险滩的阻挡,而且会遭受污泥浊水的侵染,要想在入海前保持原有的清纯状态,几乎是不可能的。但"比喻永远是跛脚的",作为社会主体的人毕竟与自然物体的河水不同,人有思想,有意识,有意志,有理智,有精神力量,在"生命的河流"中,可以劈波击浪,排除险阻;也可以激浊扬清,"出淤泥而不染"。问题的关键在于:在复杂多变的环境面前,能否时刻保持一副清醒的头脑。

　　由此想到,在当前反腐败斗争中查处了一批违法乱纪的领导干部,有的已受到法律的严厉制裁。人们在拍手称快的同时,也经常提出这样的问题:"这些受过党多年培养教育的干部,怎么会堕落成腐败分子?"这个问题很复杂,每个人犯罪的原因各不相同,需要进行具体分析,不能简单化地一概而论。但是从其中有些人的狱中或临刑前的自白来看,几乎都经历了一个逐渐变坏的过程。当然,有的原来就是坏人,利用各种手段窃踞了要职;而有一些则原来并不很坏,并非一开始就是贪官污吏,甚至工作表现还不错,做过一些有益的事情。但是随着地位、环境的变化,放松了世界观的改造,思想逐渐变了。特别是在市场经济条件下,权钱交易的机会越来越多,形形色色的外界诱惑也越来越多,意志稍一松懈,就会被"糖弹"击中,以至于越陷越深,无法自拔。有的人第一、二次受贿还心惊肉跳,到后来就变得胆子越来越大,胃口也越来越大,结果"一失足成千古恨,再回头已百年身",一切都悔之晚矣。如果他们一开始就常以"到海得清无"自问、自警,时刻预防自己变坏,情况可能会大不一样。

话得说回来,防止腐败不能只靠个人的操守,更重要的是靠法律、靠体制、靠监督、靠教育。这里之所以强调"自警",主要是希望在反腐败斗争中通过认真总结某些党员领导干部走向堕落的教训和规律,使广大干部真正认识到防微杜渐的重要,懂得:贪如火,不遏则自焚;欲如水,不遏则自溺,从而提高自己预防堕落的自觉性。不要以为堕落只能是别人的事。先哲苏格拉底有句名言:"逃避死亡并不难,要逃避堕落才是最难的,因为它比死亡跑得更快。"

请君一读范公诗,永如瀑布直且清!

最易往往是最难

5月9日上午,北京万寿路交通岗附近的一个修车摊旁,几位老人正在闲"侃"非典。出于记者的职业习惯,我"旁听"了一会儿,觉得有些话颇有见地。其中有一位说:"这场非典把不讲卫生的习惯治住了,不爱洗手的人学会洗手了,不常洗澡的人天天洗澡了,如果坚持下去,也算是坏事变好事吧!"

我听了忍俊不禁。虽然这老头儿说的是最普通的生活现象,却道出了非常重要而深刻的哲理。

记得前年第十八期《读者》杂志,登过一篇短文,说的是1987年,75位诺贝尔奖金获得者在巴黎聚会。有个记者问其中一位老科学家:"您在哪所大学学到您认为最重要的东西?"那位老科学家不假思索地回答:"是在幼儿园。""在幼儿园学到什么?""学到自己的东西分一半给小伙伴;不是自己的东西不要拿;东西要放整齐;吃饭要洗手;做错事要表示歉意;午饭后要休息;要仔细观察大自然。从根本上说,我学到的最重要的东西就是这些。"

当时,我只觉得这位大科学家的话很有童趣,却理解不深。这些3岁小孩都能懂、都能做的事情,怎么能算是"最重要的东西"?也许是老人对记者的一种调侃吧!可是,两年来经历了许多事情,逐渐懂得了这位老科学家话中的精义,并且有了一点感悟:世界上最容易做的事情,其实往往是最难做到的事情。

就拿"吃饭要洗手"这件事来说吧,我虽然出身于医生之家,从小受过良好的卫生教育,却是一辈子没有做到。我想许多人也是这样。原因就是因为它太简单、太容易了,压根儿没有把它当"最重要的事情"去做。反正干部鉴定里从来没有把"讲究卫生,经常洗手"当作一条优点来肯定,相反地,当年团小组会上还批评过我吃苹果要洗一洗是"资产阶级生活习惯"。久而久之,不论是个人卫生、公共卫生的观念也越来越淡薄了。

这回一闹非典,才大吃一惊,原来洗手不但那么重要,而且还有那么多讲究:一定要在流动的水里洗,至少要洗30秒钟,还要十指交叉着洗,把旮旮旯旯都洗到家……最简单、最容易的事情竟然关系到个人甚至国家和民族的安危!怪不得那位老科学家把"吃饭要洗手"列为"最重要的事情"。从这个意义上说,非典确实是唤醒全民族公共卫生意识的反面教员。

要说过去对这件"最重要"的事情完全不重视,那也不符合事实。新中国成立以来,哪年不开展爱国卫生运动?规模不可谓不广,声势不可谓不大,特别是五十年代初的反细菌战,五十年代后期的除四害,确是做到了全民动员,轰轰烈烈,不但城市里几乎都达到了"不留一个死角"的标准,连农村也把屋瓦里的陈年尘土都抠了出来,"饭前洗手,饭后漱口"更是不在话下。问题是后来大部分地方没能坚持不懈,持之以恒,一阵风过去,好了伤疤忘了痛,就依然故我。究其根本原因,在于没有形成全民族的共识和习惯,往往把最重要的事情当作可以应付的"任务"来办了,或者把最难做的事情当作最容易的事情掉以轻心了。而这次抗击非典的斗争,最大的不同是从中央到地方,从城市到乡村,从群体到个体,真正把它当作全民生命安全的保卫战来认真对待,而且从"手"做起,打一场名副其实的人民战争。再也无人敢于当作儿戏,敷衍塞责,避难就易。如果能够坚持不松懈,不厌战,不"好了伤疤就忘了痛",危机一定会成为转机,转为全民族移风易俗、以崭新的健康面貌立于世界之林之机。

世间万事都是祸福相倚,难易相成。最易往往是最难,反过来说,最难也可以转化成最易。那位老科学家讲的另外几件"易事",在目前也是困扰我们的难事。比如"不是自己的东西不要拿"(正如我国大文豪苏东坡说的"苟非吾之所有,虽一毫而莫取"),也属看易实难,但我相信只要拿出抗非典那样的决心和力度,也许也不难解决。——当然这是后话,当前的大敌是正在肆虐的非典。

"小康生活要喝粥"断想

艰苦岁月想吃肉
小康生活要喝粥

上面这副似乎带点调侃味道的对联,是从北京万寿路上一家新开粥店墙上抄下来的。这家粥店门面不大,也不高档,可是从酷热的7月份开张以来,几乎天天爆满,与有些门庭冷落的大饭店形成鲜明反差。

后来,我也成了这里的常客。倒不是仅仅因为它"好吃、不贵",主要是为了可以借此机会,悠然自得地反复品味这副不知出自哪位高手的对联中蕴含的"大众哲学",从一个不大为人注意的角度,观察一下改革开放给普通百姓日常生活带来的历史性变化。

我对"喝粥"的关注,并非始自今日。小时候听讲范仲淹少年求学时"断齑画粥"的故事,便对古人清贫自守的精神肃然起敬。

稍长，读《战国策·触詟说赵太后》，看到身为一国至尊的皇太后得了病也靠喝粥维持生命（"恃鬻耳"），又觉得喝粥并非都是穷人的专利。再往后，偶然读到宋代大诗人陆游的食粥诗："世人个个学长年，不悟长年在目前。我得宛丘平易法，只将食粥致神仙"，又生出一个念头：原来喝粥还是文人雅士延年益寿之道，不见得都是苦事。

真正领教喝粥之苦，是"文革"中被发配到辽西山区的十年。那里的农民成年累月地顿顿和粥打交道，喝粥已完全代替了吃饭。那粥可不是清香可口的大米粥、小米粥，而是用带壳的高粱、玉米碾成的碎碴熬的"碴子粥"，实际上就是一锅黑乎乎的糨糊。那难以下咽的滋味实在可想而知。记得寒冬腊月清晨出工时，调皮的年轻人哼着自己改编的《红灯记》唱词："临行喝妈一碗粥，浑身是汗冷飕飕"，听了令人心酸。农村改革以后，这里最大的变化是不用天天顿顿喝粥了，这成了他们最大的新闻。乡亲们不止一次托人给我捎话报喜："告诉老范，俺们现在不喝粥了！"为此，几年前我还专门写了一篇题为《粥的变迁》的散文。不久前，村支书在电话中告诉我：现在老乡的最高期望值变成了"能多点零花钱，能隔三岔五吃点肉"。

戏剧性的是，当贫困地区农民把"想吃肉"当作小康生活的至高目标时，多数城市居民又开始把"要喝粥"当作小康生活内容之一了。这种变化是多么耐人寻味！我在幻想，将来当人们把肉和粥都吃烦的时候，该对小康生活提出什么样的新需求？

这个念头似乎有点荒唐，但我想绝非无稽之谈。倒退二十年，有谁想到过有一天会发生"吃肉"与"喝粥"的矛盾？上世纪九十年代初，邓小平同志对小康生活下的定义是"不穷、不富"，经过十多年的改革发展，这个目标正越来越逼近我们。这就提出了一个非常现实的问题：我们的各行各业，是否都可以想一想，到了十几亿人民都进入"不穷、不富"状态的时候，他们对物质生活、精神生活会提出什么更新的需求？他们的思想观念、道德观念、消费观念以至审美观念会有什么新的变化？我们又如何从容应对？谁能想得早，谁就能在未来的竞争中取得主动。

见微可以知著，以小可以喻大。

试着说点新鲜话

课堂,是师生之间交流知识和思想的重要场合,很多思想的火花往往是在课堂上碰撞出来的。因此,如何紧密结合课堂教学,既理直气壮又入情入理地帮助学生在思想上解惑释疑,是当前进一步加强和改进大学生思想政治教育的一个重要方面。

当代大学生接触的新事物多,知识面广,思维敏捷,这些特点决定了他们的思想观念比我们那一代大学生复杂得多。在这种新情况下,沿袭习惯使用的灌输、说教那一套方式越来越不灵了。形势逼着我们必须去探索新途径,研究新方法。我最近两年在清华大学新闻与传播学院教课,深切感到要想使思想政治教育在课堂上取得成效,必须放下架子,先当学生,陪着他们一起成长,了解他们的现实思想状况,了解他们困惑的来源,然后结合自己几十年的新闻实践和人生经历,试着用他们能够接受的方式,对他们说点新鲜话。

比如,新闻专业学生经常不理解的是,为什么要强调新闻媒体的"喉舌"作用。他们认为,新闻应当客观公正,而"喉舌"是没有独立见解的"传声筒"。面对这种质疑,光讲一般的定义、概念是收效不大的,就要试着从新闻史和语言学的角度进行辨析:只要翻翻中国新闻史,就可以知道"喉舌"并不是我们今天的发明创造,从王韬、梁启超、章太炎一直到孙中山,都曾把报刊称为"喉舌"。喉舌者,无非是代表政党、人民、团体发出的声音,并没有任何贬义。问题是西方攻击我们的根据,是我们讲的喉舌,翻译成英语便是"organ",即人体的器官,我们的社会舆论载体也翻译成organs of public opinion。这确实是很难听的,即使不是出于故意歪曲,起码也是不懂得中国文字的特点之一,是经常用人体的器官指代某种特定概念。比如:手足(之情)、唇齿(相依)、肝胆(相照)、耳目(灵通)、咽喉(要地)、心腹(大患)、股肱(之臣)……都另有其特定的涵义。如果直译,都可以让外国人摸不着头脑。所以,我们不但不必为当"喉舌"难受,还应该感谢智慧的老祖宗为我们创造了那么多丰富、传神的词汇……

"导向"也是学生们经常感到不理解的问题。"新闻要求用事实说话,强调导向会导致脱离事实,强加于人。"

我的"答辩"是:"其实,导向并不神秘。人的一生,都离不开导向。小孩学走路的时候,大人告诉他:不要往那边走,那边有坑。这是人之初的导向。长大了,随时随地都要按老师、朋友、组织指导的方向去为人、做事,连旅游也要听从导游的小黄旗指引方向。我们讲的舆论导向当然比这些生活导向复杂得多,但归根到底是指导人们按照正确的方向去行事,去认识世界。西方何尝不讲导向？——leading opinion, guilding opinion，都是引导舆论的意思。所不同的是，我们从来认为'隐瞒自己的观点是可耻的'，强调要旗帜鲜明，而西方则强调把观点隐藏在事实的叙述之中。当然，我并不为某些生硬、僵化的'导向'护短，而始终认为，我们的舆论引导应该更讲究方法，讲究艺术。"

有些学生埋怨我们的新闻"框子"太多。我是这样向他们讲的：我对某些模式化的新闻是讨厌的，对有的不合时宜的限制也是不以为然的。但是目前情况正在改变。党中央对新闻宣传提出"三贴近"的方针以后，整个舆论环境有了很大变化。不过，为了国家、社会和人民的利益，新闻宣传不可能没有一定的纪律和规定，这在任何国家都不例外。从哲学上说，框子就是一种空间。世界上每一个人都只能在一定的空间内活动。从这个意义上说，法律、制度、规定都属于一种框子。没有框子的事物，事实上是不存在的。我们居住的房子就是框子，对演员来说舞台也是框子。问题在于如何在框子内，把"戏"演得有声有色。京剧大师盖叫天，武功炉火纯青，直到晚年，还可以在一张八仙桌底下打完一套猴拳，而手脚丝毫不能触及桌腿。这真达到了"随心所欲不逾矩"的境界。做新闻工作，是否也可以从中得到某种启发呢？

这算不算新鲜话，愿就教于读者。

"小平同志,别来无恙"

8月22日上午8点多钟,我坐车前往人民大会堂,去参加邓小平同志诞辰100周年纪念大会。途经长安街木樨地附近时,眼前突然一亮——在滚滚车流中,一辆红色家用小轿车擦肩而过,车身披着一大幅红布标语,上面赫然八个醒目的白色大字:"小平同志,别来无恙!"一瞬之间,我被震撼了,就像20年前在庆祝建国35周年盛典的天安门观礼台,目睹游行队伍中突然打出"小平您好"横幅的那个历史场面一样。"别来无恙"原本是一句极普通的问候,在目前的特定环境下出现,它竟那么动人心魄,意味深长——小平同志明明已经离开我们7年多了,可是在人们心目中似乎只是一次暂别,相信他老人家还在我们身边。这是一种什么样的感情啊!

脑海里盘旋着这个问号,我一步一步地走完人民大会堂的62级台阶,默默地思索、寻味。等到会场上响起胡锦涛总书记高昂的声音:"中国共产党人和中国各族人民永远怀念邓小平同志,永远敬爱邓小平同志。邓小平同志永远活在我们心中",在一片雷动的掌声中,我豁然感悟:这就是代表13亿中国人民发出的心声,而"小平同志,别来无恙"恰恰成为对这心声作的最生动、亲切、朴素的注脚。

于是我思接千载,浮想联翩……

在世界各国的历史上,都曾有过功业彪炳、名垂史册的伟人,但是能够永远活在人民心中,而且虽逝犹生、历久弥新的,屈指可数。作为毛泽东之后中国共产党第二代领导核心,邓小平同志复出后在位的时间不算长,但人民对他如此怀念,如此情深,如此难忘,原因何在?我想就在他所做的一切都是为了国家的强盛、人民的幸福。他时时刻刻想着人民,人民自然热爱他,感谢他。他的思想深深扎根于人民之中,他的功绩于是就具有一种强大的生命力,那就是:既经得起回头看,又经得起向前看。

经得起"回头看",就是经得起历史的检验:尽管邓小平同志在20多年前提出一整套建设中国特色社会主义的思想、理论、战略、构想时曾经遭遇多大阻力,多少责难,但20多年实践,已经无可争辩地证明他所想的、说的、做的都完全正确,赢来了一个面貌一新的中国。事实使人们越来越懂得,如果没有邓小平和他的思想理论指导,我们很可能至今还在困惑中摸索、徘徊。"两岸猿声啼不住,轻舟已过万重山。"——只有频频回首,才能找到这份感觉。

经得起"向前看",就是经得起未来的验证。未来不是不可捉摸的空中楼阁,而是现实的不断延伸。今天我们都感受到邓小平同志的光辉依旧时时刻刻照耀着我们,在生活中,我们每天都在继续说他的话,走他的路,办他的事,就是因为坚信照他指引的方向走下去,就一定能够胜利达到他所擘画的伟大战略目标。更重要的是,人们看到,从以江泽民同志为核心的第三代领导集体,到以胡锦涛同志为总书记的党中央,都是一以贯之地继承和坚持实践邓小平的思想理论、路线、政策,并且不断有所发展,有所创新。"政声人去后",邓小平同志虽然已经"人去",他的政声,他对国家和民族的巨大影响力,正有增无已,人民对未来自然也就更充满信心。

从这个意义上说,人民群众的一声"小平同志,别来无恙",内涵实在太丰富了。它既饱含着对前驱者的深情眷念,也饱含着对后继者的深切信赖。

我理解对了吗?愿就教于写出那幅标语的红车主人——如果他有机会读到本文的话。

再闻钱老讲"艺术"

7月29日上午,温家宝总理冒着酷暑前往医院看望季羡林、钱学森二位学术泰斗,同他们进行了亲切而内容广泛的交谈。这条新闻,引起万家瞩目,因为二老谈论的重点,都涉及当今如何培养杰出的创新人才。特别是钱老,又一次谈了科学与艺术的关系,语重心长地强调:"一个有科学创新能力的人,不但要有科学知识,还要有文化艺术修养。"

科技人才一定要有文化艺术修养,这是钱老多年来一贯倡导和坚持的观点。给我印象最深的是,他在1991年中央为他举行的授勋仪式上讲的一席话。在那次讲话中,钱老回顾自己几十年的经历,动情地说:我在科学研究的道路上能够有一点成就,应当归功于夫人蒋英。蒋英是位女高音歌唱家,而且是专门唱最深奥的德国古典艺术歌曲的歌唱家。她和我的专业相差甚远。但正是她给我介绍了这些音乐艺术,这些艺术里所包含的诗情画意和对于人生的深刻理解,使得我丰富了对世界的认识,学会了艺术的广阔思维方法。或者说,正因为我受到这些艺术方面的熏陶,所以我才能避免死心眼和机械唯物论,想问题能够更宽一点、活一点。(大意如此)

对我来说,钱老这番话可谓振聋发聩,刻骨铭心。近十年来,不论是在报社工作,还是在学校讲课,我总是不厌其烦地宣传钱老的观点。我认为它不仅对科学研究人员有启发,而且适用于一切领域。因为需要"避免死心眼和机械唯物论,想问题能够更宽一点、活一点"的,绝不只是科学研究工作。

我常想,作为一位大科学家,为什么钱老这样强调艺术的功能?恐怕绝不仅仅是为了教人都去弹琴学画、修身养性,而是为了教人更好地认识复杂而多彩的世界,学会用辩证的思维、灵活的方法去处理和解决面临的各种复杂矛盾。一首乐曲、一幅绘画,把许多复杂和相互对立的音符、把许多复杂和相互对立的色彩,经过艺术家之手,变成和谐、协调、浑然一体可供人们赏心悦目的作品,其中值得我们去领悟的东西实在太多了。古人云:"物艺相通",其实说的就是物质生产与精神生产相生、相济、相融的道理。

但是,要真正懂得这个道理并不容易。在生活中,办事情、做文章只讲其一不讲其二的"死心眼"实在不胜枚举。比如,在处理矛盾时经常是讲刚多、讲柔少,讲进多、讲退少,讲快多、讲缓少,讲行多、讲止少,讲热多、讲冷少,讲直多、讲曲少,讲"浓墨重彩"多、讲"轻描淡写"少,讲"大弦嘈嘈"多、讲"小弦切切"少,等等,这种单一的思维方法,往往是造成工作失误的重要原因。如果我们都能经常在工作之余,静心听一曲《蓝色多瑙河》,看一卷《富春山居图》,从那或徐或疾、或卷或舒的节奏中,从那时繁时简、时浓时淡的笔墨中,思接千载,神游八荒,由潜移默化进而触类旁通,豁然开朗,悟出一些正确处理各类矛盾的方法,无疑是大有好处的。再往大处说,落实科学发展观,也特别需要具有这种"想问题能够更宽一点、活一点"的辩证思维的"杰出人才"。

  我理解的对吗?愿就教于钱老。

"要听懂草木的叹息"

7月12日,北京一家报纸在并不显著的位置刊登了一条短讯:"天安门地区更新163株油松"。

短讯说:"近年来,由于广场行道树油松生长立地条件不良,造成油松逐渐衰弱并死亡的现象。"为此,决定从11日晚开始采取更新改造措施,包括去除松树之间的花岗岩铺装,更换土壤,拓宽树池以扩大营造透气面积等等。

读着这条新闻,我心头猛然一震。倒不是因为惋惜,而是因为立刻想起一个星期之前,韩国朋友成范永先生向我说的一番话。

成范永是一位被誉为"盆栽艺术家"、"盆栽哲学家"的特异人物。早在上个世纪六十年代,他抛家舍业只身来到过去专门流放要犯的济州岛,在这块乱石滚滚的不毛之地上,开始被人们认为"发疯"的创业,发誓要把它变成一个世界大花园。半个世纪过去了,成范永在韩国广大志愿者的支持和赞助下,实现了他的梦想。

现在,凡到韩国的旅游者,几乎都要到这个"盆栽艺术苑"观光,无不为成范永坚毅不拔的精神惊叹不已。成范永撰写的《思索之苑》也译成多种文字,被誉为"一个盆栽哲学家的深沉思考"。

最近他来到中国,回国前一天,突然打电话给我,说想要见面谈一个"重要问题"。

我如约赶到他的住处,没想到他想谈的"重要问题"竟是"天安门地区松树的健康问题"。

他焦灼地告诉我,他一到北京,就发现天安门广场周围的松树"气色很不好",感到十分不安。当天晚上,他特意跑到松树周围,徘徊观察了几个小时,断定它们是得了"重病"。"因为树木和人一样,是有生命的,健康的树木是会'笑'的。而在这里,我听到了松树在'叹息',在'呼号',在'哭泣',必须马上抢救,否则就会死亡。"他说。

我说:"我经常经过这里,怎么听不见?"

他严肃地说:"那是因为它们不是你的孩子。每一个细心的父母都能听懂他们婴儿的哭声——是饿了、病了,还是冷了、热了……"

我问成范永:照你看来,这松树究竟得的是什么病?他说:"病因可能很多,但照我看来,缠绕在它们身上的那么多彩灯,是致病的一个重要原因。"

他看我有点不解,便像一个医生似的滔滔不绝地讲解起来:

"松树像人一样,是要睡觉的。人睡觉需要熄灯,需要安宁,如果整夜都被灯光照着,非得失眠症不可。松树也是这样,白天累了；晚上长期被灯光照着无法安眠，怎能不造成代谢功能的紊乱？"

"灯泡是发热的，哪怕是低度的灯泡也散发一定的热度，如果一年四季几十个灯泡烤着你，你能受得了吗？"

"再说，松树也是需要自由的。自由才能健康成长。现在那么多的电线缠着它的躯干，那么重的灯泡压着它的枝丫，好像人被戴上了镣铐，绑住了手脚，能活得好吗？"

他最后的结论是："你们是好心，不过只考虑了美观，没有考虑更重要的是给树木一个合适的生长环境！""你们需要能听懂草木的叹息、呼叫和哭声！"

我觉得他说的很有道理，但是当他提出希望我写篇文章呼吁一下时，我犹豫了。万万没有想到，文章还没有动笔，已经成为"马后炮"——病松问题已经开始着手解决。

尽管如此，我还是决定把它写出来。"他山之石，可以攻玉"，起个参考作用也好嘛！何况，成范永讲的这番道理，还可以使人联想到许多的方面……

图书在版编目(CIP)数据

敬宜笔记续编/范敬宜著.—上海：文汇出版社，
2007.12
（夜光杯文丛）
ISBN 978-7-80741-214-4

Ⅰ.敬… Ⅱ.范… Ⅲ.①散文—作品集—中国—当代
②随笔—作品集—中国—当代 Ⅳ.I267

中国版本图书馆 CIP 数据核字(2007)第 172746 号

新民文库·夜光杯文丛·个人专辑

敬宜笔记续编

作者／范敬宜　　书画作品／范敬宜

新民文库总策划／朱大建

特约编辑／贺小钢　责任编辑／杨健英　封面装帧／周夏萍

出版发行／文汇出版社（上海市威海路755号　邮编200041）
经销／全国新华书店

照排／南京展望文化发展有限公司　印刷／江苏启东市人民印刷有限公司

版次／2007年11月第1版　印次／2007年11月第1次印刷
开本／890×1240 毫米　1/32　字数／150千
印张／7.5　印数／1—6000

ISBN 978-7-80741-214-4　　定价：18.00元